좌파기득권과
진보의 몰락

좌파기득권과 진보의 몰락

김장수 • 지음

나는 왜 좌파기득권을 비판하는가

오후의책

정치학자가
경제 이야기를 쓴 이유

요즘 '헬조선'이라는 말이 청년들 사이에 유행이다. 1인당 국민소득이 3만 불에 달하고 경제규모 면에서 세계 11위에 속한다는 대한민국에서 지금 벌어지고 있는 일이다. 경제적 어려움 없이 자란 유약한 젊은이들의 배부른 소리로 들리는가? 그렇다면 당신은 꼰대다. 단군 이래 누구보다도 가장 열심히 공부해 왔고 그 결과로 스펙이 가장 좋다는 젊은이들이다. 그런 그들이 마땅한 일자리를 찾지 못하고 있다.

눈높이를 낮추어야 한다는 말들을 한다. 누군들 눈높이를 낮추고 싶지 않겠는가? 그런다고 해결될 게 없으니 그리하지 않는 것 아니겠는가? 일자리라는 것은 최소한의 생활 보장이 되어야 하는 것이다. 그런데 이런 직장은 구하기도 힘들다. 일단 대기업 계열사나 공무원, 공기업 등 소위 번듯한 직장에 취업하는 청년들은 열 명에 두 명꼴이다. 중소기업 평균 임금은 2천400만 원이다. 이 안에 속하지 못한 다수의 청년들은 한 달 평균 100만 원 내외의 잡다한 직업들을 가져야 한다. 이 돈으로 대한민국 사회에서 결혼하고, 아이들을 낳아 키우는 정상적인 삶을 살 수 있겠는가? 쉽지 않다. 그래서 결혼도 포기하고 출산도 포기한다.

청년들만의 문제도 아니다. 세계 11위 경제대국인 대한민국의 자살률은 세계 1위이다. 전쟁을 겪은 나라들보다 더 많은 국민들이 스스로 목숨을 끊고 있다. 이는 특정 연령대와 계층에만 국한된 일이 아니다. 노인 자살률은 세계 1위이다. 청소년 자살률도 세계 1위이다. 행여 뒤질세라 중장년층 자살 증가율도 세계 1위이다. 청년들이 가장 크게 고통을 받고 있지만, 청년들만의 문제가 아니라는 것이다. 노후 준비가 전혀 되어 있지 않은 노년층도 문제고, 사오정, 오륙도로 불리는 중·장년층의 삶도 녹록지 않다. 한창 일할 나이에 실직 당한 중·장년층이 갈 곳은 자영업 창업밖에 없다. 이런 이들이 워낙 많다 보니 600-700만 명에 이르는 영세 자영업자들이 작은 시장을 두고 극심한 경쟁을 한다. 새벽부터 늦은 밤까지 힘들게 일해도 한 달에 가져가는 수입은 100만 원 안팎이다.

도대체 왜 대한민국이 이렇게 되었을까? 여러 가지 요인이 복합되어 있지만, 필자는 경제적 요인에 주목한다. '무항산 무항심'이라는 말이 있다. 항상 만들어내는 것이 없으면 평정심을 유지하기 힘들다는 말이다. 즉 직장이나 직업이 없으면 마음의 평안을 얻기 힘들다는 말이다. 경제적으로 궁핍한 노인들은 건강한 삶을 유지하기 힘들다. 청소년들의 자살은 이의 이면이다. 공부를 잘해야 먹고 살 수 있는 나라에서 학업 부진에 따른 스트레스, 극심한 경쟁사회가 만들어내는 왕따 문화 등이 청소년을 죽음으로 내몬다.

나는 경제학 전공자가 아니다. 1986년 대학 입학 이후 줄곧 정치학 전공자로서의 외길을 걸어왔다. 대학에서도 정치학을 전공했고, 석사과정은 중국정치를, 박사과정은 미국정치를 전공해 정치학 학위만을 쌓아왔다. 학부시절 마르크시즘에 심취했다는 사실, 박사과정에서 공공정책을 부전공으로 하였고, 그 중간에 일년 정도 다른 대학에서 국제정치경제학을 공부하였다는 게 나의 외길 정치학 인생에서 잠깐의 경제학으로의 외도라 할 수 있다.

이런 짧은 기간 동안의 외도가 전부임에도 불구하고 감히 경제 이야기를 써야겠다는 마음을 먹게 한 것은 참을 수 없는 답답함과 더 미루다가는 나라가 망하겠다는 절박함이었다. 처음에 이 책의 제목으로 생각했던 것이 《바보와 돼지들을 위한 우리경제 이야기》였는데 (제목에서도 짐작할 수 있듯이), 나보다 경제를 더 모르는 바보들을 위해서, 그러면서도 자기 욕심만 챙기느라 나라 경제를 파탄으로 몰아넣고 있는 돼지들을 위해 쓴 책이다.

원고를 마무리하는 지금 드는 생각인데, 어찌 보면 이런 종류의 책은 경제학 전공자보다는 나와 같은 정치학 전공자가 쓰는 것이 더 맞을 수 있겠다. 경제는 진공 상태에 존재하는 것이 아니다. 정치와 짝을 이루어서 존재한다. 우리 경제도 마찬가지이다.

정치 없는 경제는 없다. 그래서 정치경제학이라는 분야가 존재하는지도 모르겠다. 경제 자체만의 문제는 없고, 경제로만 풀 수 있는 문제도 없다. 결국 문제는 정치이다. 우리 경제의 무엇이 문제인가에서 시작된 글이 무엇을 어떻게 고쳐야 하는가로 매듭지어진 이유이기도 하다. 한국 경제의 문제는 결국 한국의 정치가 풀어야 한다.

나보다 경제를 더 모르는 분들에게 일독을 권한다. 특히 왜 우리 사회가 왜 이렇게 되었을까, 우리 경제에 무슨 문제가 있는 걸까를 궁금해 하는 분들을 위해 쓴 책이다.

목차

2부. 복지 불평등과 대안 찾기

3장. 공무원연금과 복지 불평등

4장. 국민연금과 세대간 착취

5장. 무엇을 어떻게 고쳐야 하는가?

헬조선의 뿌리를 찾아서

요즘 젊은 친구들은 대한민국을 '헬조선'이라 부른다. 또는 '지옥불반도'라고도 한다. 좀 더 순화하자면 '개미지옥'이라 할 수 있다. '개미지옥'은 명주잠자리 유충인 개미귀신이 모래밭에 만들어 놓은 깔때기 모양의 구멍이다. 토양이 푸석푸석한 마루 밑에도 있는데, 지나가는 개미나 작은 곤충들이 이 구멍에 빠지게 되면 헤어 나오지 못하고 밑에서 기다리고 있던 개미귀신의 밥이 된다. 개미지옥은 위는 넓고 아래는 좁게 만들어졌는데, 모래로 되어 있어 빠지기는 쉽지만 위로 올라가기는 힘들다.

개미지옥의 진면목은 여러 마리의 개미가 한꺼번에 빠졌을 때 드러난다. 살아남기 위해 개미들은 위로 올라가야 한다. 방법은 하나 밖에 없다. 자신보다 위에 있는 개미들을 끌어내리고, 그 위로 올라서야 한다. 그런데 다른 개미를 밟고 올라선다고 해서 개미지옥을 탈출할 수는 없다. 이제 자신보다 밑에 있는 개미들이 자신의 다리를 붙들고 끌어내리기 때문이다. 모래로 만들어진 깔때기 모양이어서 애시당초 빠져나오기도 쉽지 않다. 결국에는 모두가 개미귀신의 밥이 된다. 다른 개미를 끌어내리면서 진행되는 개미들 간의 이전투구의 최종 승자는 개미귀신이다. 개미들 입장에서는 아무리 노력해도 밥이 되는 순서만이 달라질 뿐이다.

얼마 전 김희애가 주연한 〈아내의 자격〉이라는 드라마가 화제였다. 장현성이 김희애의 남편 한상진 역을 맡아 열연하였다. 이 한상진은 윗사람에게는 아부하고 아랫사람은 깔아뭉개는 우리 시대의 전형적인 속물이자 꼰대이다. 방송국에 근무하는 한상진은 생활이 어려운 것은 아니지만, 그렇게 넉넉하지도 못한 형편임에도 대치동으로 이사를 가면서까지 모든 가족이 외동아들의 교육에 올인한다. 한상진의 절규가 잊혀지지 않는다. "내 자식만큼은 이 사회에서 을로 키우지 않겠다." 결국 한상진은 자식을 갑으로 키우겠다며 모든 것을 교육에 쏟아붓는다.

한상진은 왜 대한민국이 개미지옥이 될 수밖에 없는지를 단적으로 보여준다. 대한민국이라는 세상이 갑을의 차이가 너무 크고, 이들 간의 관계가 너무나 불공정하기 때문이다. 갑이 되지 않고는 제대로 사람 구실하기 어렵다는 인식이 널리 퍼져있기 때문이다. 그런데 자식 교육에 모든 것을 쏟아붓는다고 그 자식이 개미지옥에서 빠져나올 수 있는 것인가? 확률적으로 보면 그 가능성은 높지 않다.

갑이 되기 위한 경쟁은 상대평가이다. 대략 20% 남짓의 미래세대만 그럭저럭 먹고살 만한, 남들 보기에 괜찮은 직업을 구할 수 있다. 나머지 80%는 어찌 되었든 을로 살아갈 수밖에 없는 게 현실이다. 1/5의 확률에 불과한 갑이 되기 위해 오늘도 대한민국의 국민 모두가 서로를 끌어내려야 사는 이전투구를 하고 있는 것이다.

20%에 속하여 갑이 된 자식의 인생은 행복할까? 그렇지 않을 가능성이 높다. 그는 다시 아버지 장현성처럼 속물로 살고, 그의 자식을 위해 모든 것을 쏟아부어야 한다. 그렇지 않으면 언제 다시 개미지옥에 빠질지 모르기 때문이다. 대를 물리는 개미지옥의 악순환이다.

우리나라가 개미지옥이라는 증거는 도처에 널려 있다. 오늘자 신문만 봐도 알 수 있다. 아이들에게는 공부지옥이고, 88만원세대, 삼포세대로 불리는 2030에게는 취업지옥이고, 운이 좋아 취직하여 사회에 나온다고 해도 곳곳에서 갑질이다. 4050은 사교육비에 노후준비는 꿈도 꾸지 못하고, 이렇게 중장년을 보내고 나서 노년층이 되면 빈곤과 고독 속에서 여생을 마친다. 모든 연령층에서 다양한 이유의 자살 기사들이 연일 신문을 도배한다.

대한민국이 비슷한 수준의 그 어떤 나라에 비해서도 살아가기 힘든 개미지옥이라는 점은 통계로도 입증된다. OECD 국가 중 자살률이 세계 1위이다. 통계청의 2013년 자료를 보면 하루 평균 39.5명이 자살해 12.1명에 불과한 OECD 국가들 평균의 세 배를 넘고 있다. 2013년 한 해에만 1만4천 명 이상이 자살한 것이다. 그 증가율도 세계 2위이다. 1위는 지중해 연안의 터키 밑에 있는 키프러스 공화국인데, 이 나라는 인구가 100만 명 남짓으로 추정되는 작은 국가이다. 이를 제외하면 명실상부한 세계 1위다. OECD 국가들의 평균보다 세 배나 높은 현재의 자살률로도 부족해 이 증가세도 세계 최고 수준인 것이다.

우리나라 국민들의 자살률이 원래 높았을까? 그렇지 않다. 이는 1998년 외환위기 이후의 현상이다. 이 이전인 1995년의 자살률은 인구 10만 명당 12.7명으로 15.5명인 OECD 평균보다도 낮았다. 이것이 1998년 21.7명으로 늘어나기 시작하면서, 이후 급속한 증가율이 맞물리며 현재에 이르게 된 것이다. 그래서 현재의 자살률은 사회적인 요인에 의한 것이다. 특히 노년층의 자살률이 압도적인데, 이것이 최근엔 4050 중·장년층까지 확대되는 추세이다. 청소년들의 경우는 안전한가? 그렇지 않다. 국민소득 3만 불, 세계 11위 경제대국인 대한민국의 자화상이다.

무엇이 문제일까? 왜 이렇게 못살겠다는 아우성은 그치지 않고, 청년들은 취업이 되지 않는 것일까? 새벽별을 보고 출근하여 찬이슬 맞으며 퇴근하는 그 수많은 자영업자들은 왜 한 달에 200-300만원 벌기조차 힘든 것일까? 이런 단순한 질문, 즉 대한민국이 왜 '헬조선'이 되었을까의 원인을 찾아 떠난 작은 발걸음의 종착점이 이 책이다. 이 책은 그 과정에서 필자가 찾아낸 한국경제의 문제점들과 그 해결방안에 대한 보고서이다.

한국의
소득 불평등

1장.

갈수록 심해지는 불평등

1.

대한민국,
소득 불평등이 가장 심한 나라

우리 중 대부분은 대한민국이 세계 주요 국가 중에서 소득 불평등이 가장 심한 나라라는 사실을 알지 못한다. 소득 불평등 문제는 우리나라가 왜 이렇게 자살률이 높은지, 우리 부모들이 자녀들 교육에 왜 그렇게 열을 올리는지, 그 이유를 설명해 줄 수 있는 가장 중요한 요인이다. 물론 우리 민족은 예로부터 교육열이 높은 것으로 유명하다. 그럼에도 불구하고 이것만으로 설명하기에는 한계가 있다.

모든 것에는 이유가 있다. 공부를 잘 해서 좋은 대학을 나오는 것은 좋은 직장을 얻는 데 가장 중요한 요인이다. 그런데 만약 좋은 직장과 좋지 않은 직장의 차이가 크지 않다면 어떤 현상이 일어날까? 대충 아무 대학이나 나와서 아무 직장이나 들어가도, 좋은 직장을 간 자녀와 큰 차이가 없다고 한다면 부모들이 막대한 돈을 자녀들의 사교육비에 쏟아부을까? 여전히 그렇게 할 부모들도 있겠지만, 그렇지 않을 부모들이 더 많은 것이다.

　　연봉 6~7천만 원을 받는 중산층 이상의 가정도 먹고 살기 힘들고, 노후 준비를 제대로 하지 못하는 이유 중의 하나는 자녀들의 사교육비 때문이다. 중·고등학교 자녀가 영어와 수학학원 한두 군데를 다닌다면 이로 인한 지출은 월 100만 원 가까이 된다. 자녀가 둘이라면 월 200만 원이다. 이런 사교육비 지출은 유치원부터 시작하여 대학교까지 계속된다. 가장 돈을 많이 벌 시기에 중산층 이상의 부모들이 노후를 위하여 돈을 모으지 못하는 가장 큰 이유이다.

　　왜 대한민국의 부모들은 자녀교육에 유별날까. 한두 사람이 아닌 대부분의 부모들이 이런 선택을 하는 데는 그만한 이유가 있을 것이다. 자녀가 대학 졸업 이후 어떤 직장을 다니느냐에 따라 소득 격차가 매우 크다면 그렇게 할 수밖에 없을 것이다.

　　소득은 결국 개인의 몫이다. 생산과 분배라는 복잡한 여러 단계를 거쳐 돈은 결국 최종적 주인을 찾아간다. 이것이 개인과 가계의 소득이 된다. 아래 그래프는 이 최종적 결과물인 소득이 한국 사회에서 어떻게 분배되고 있는가를 보여준다.

　　소득 불평등으로 가장 유명한 학자는 토마 피케티이다. 그의 대표적인 책이 우리나라에도 《21세기 자본》이라는 이름으로 번역되었다. 피케티가 소득 불평등을 논할 때 기본으로 삼은 방법론을

활용하여 각국의 소득 불평등 정도를 비교한 것이 아래의 그래프
이다. 우리나라에 관한 수치는 동국대 경제학과 김낙년 교수팀이
피케티의 방법론을 원용하여 도출하였다. 이 표에 들어간 각국의
구체적인 수치는 국가별로 그 해당연도가 다르다. 우리나라의 경
우는 2012년 국세청 자료를 활용한 것인데, 국가별로 해당연도가
다르고 우리나라의 경우에는 2010년 자료에 연구결과가 상세하게
기록되어 있으므로, 이하의 논의는 위의 2102년 수치 대신 2010년
국세청 자료를 분석한 김낙년 팀의 2014년 연구 〈한국의 개인소득
분포 : 소득세 자료에 의한 접근〉을 바탕으로 한다.

<u>상위 1% 소득 점유율</u>

네덜란드	6.33
덴마크	6.41
스웨덴	7.13
핀란드	7.46
노르웨이	7.80
프랑스	8.08
뉴질랜드	8.13
스페인	8.20
호주	9.17
이탈리아	9.38
일본	9.51
포르투갈	9.77
아일랜드	10.50
스위스	10.54
독일	10.88
캐나다	12.12
한국	12.23
영국	12.93
미국	19.34

<u>상위 10% 소득 점유율</u>

덴마크	26.88
스웨덴	27.90
노르웨이	28.33
뉴질랜드	30.88
네덜란드	30.90
호주	30.98
스페인	31.64
핀란드	32.50
프랑스	32.69
스위스	33.15
이탈리아	33.87
독일	34.71
아일랜드	36.13
포르투갈	38.25
영국	39.15
캐나다	40.12
일본	40.50
한국	44.87
미국	48.16

(단위 : %)

* 파리경제대학 DB에 등록된 OECD 가입국 기준, 〈자료: 세계 상위소득 데이터베이스〉

● 한국의 소득 불평등

2010년 국세청 소득 자료를 분석한 김낙년 팀의 연구에 따르면, 상위 10%가 전체 소득에서 점하는 비중, 즉 상위 10%의 소득 점유율이 한국은 48%로, 미국과 어깨를 나란히 하는 소득 불평등 1, 2위 국가이다. 상위 10%가 전체 소득의 48%를 가져가고, 국민의 절대 다수인 90%는 나머지 52%를 가져간다는 의미이다.

　　상위 10%가 전체 소득의 10%를 가져간다면 가장 평등한 국가이다. 각자 자신이 가져갈 몫만을 가져간다는 의미이다. 중요한 국가들만 살펴보자. 소득 불평등이 가장 심하지 않은 덴마크는 상위 10%가 전체 소득의 26.88%를 가져간다. 모든 국민이 똑같이 나누었을 때 가져갈 몫의 2.7배 정도를 가져간다는 의미이다. 이는 나머지 90% 국민은 대략 73%를 가져간다는 것으로, 하위 90%에 속한 개개인들이 평균적으로 81%를 가져간다는 말이다. 즉 모든 사람이 똑같이 나누어 간다고 할 때 각자 100을 가져가야 하는데, 이 중 하위 90%도 81% 정도를 가져간다는 의미로, 매우 평등한 국가이다.

　　표 상에서 가장 아래에 있는, 소득이 가장 불평등하게 배분되는 한국과 미국의 경우를 보자. 한국은 상위 10%가 48.05%, 미국은 48.16%를 가져가서 근소한 차이로 1, 2위를 다투고 있다. 둘 다 상위 10%가 대략 48%를 가져가는데, 이는 나머지 90% 국민은 52%를 가져간다는 의미이다. 즉 하위 90%에 속한 국민들은 똑같이 나눌 경우 가져가게 될 100개 중 57개를 가져간다는 의미이다. 덴마크의 81개에 비해서 하위 90%가 가져가는 몫이 매우 적음을 알 수 있다.

상위 10%가 48%를 가져가고, 하위 90%는 52%를 가져간다. 결과적으로 이들은 52/100을 가져가는 것인데, 이대로만 가져간다고 해도 다행이다. 문제는 그 다음부터 더 심각해진다. 상위 10%가 48%를 가져가고 남은 몫 52% 중 20%를 그 다음 10%가 가져간다. 즉 상위 10%가 48%, 그 다음 10%가 20%를 가져가고 나니, 이제 남은 몫은 32%에 불과하다. 이제 상위 20%에 속하지 못한 하위 80%는 나머지 32%를 가지고 나누어야 한다. 평균적으로 0.4, 즉 100개 중 40개를 가져가게 된다. 그 다음 상위 10%가 또 13% 정도를 가져간다. 이제 하위 70%에 남은 몫은 22%에 불과하다. 0.3, 즉 100개 중 30개 정도를 가져가는 데 그친다.

이게 어느 정도인지 체감할 수 있는 돈으로 환산해 보자. 우리나라 1인당 국민소득은 3만 불이 조금 안 된다. 대충 1인당 3천만 원이라고 잡고 시작해 보자. 많은 사람들이 이 1인당 국민소득을 국민 개인이 가져가야 할 몫이라고 오해하고 있다. 사실은 그렇지 않다. 국민소득을 100이라고 할 경우 이게 모두 개인에게 돌아가는 것이 아니다. 먼저 기업에게 돌아가는 몫이 20 정도다. 정부가 세금 등으로 10을 가져가고, 감가상각비 등으로 15가 들어간다. 이렇게 들어가고 남은 55%만을 개인이 소득으로 가져가는 것이다.

1인당 국민소득이 3천만 원이라고 할 경우, 이의 55%만 개인의 소득으로 돌아가는 것이므로, 대략 1인당 1천650만 원 정도가 개인에게 돌아가는 몫이다. 계산의 편의를 위해 1인당 국민소득 3천만 원일 경우에 대략 이의 절반인 1천500만 원이 개인의 몫으로 돌아간다고 해보자. 이를 모든 국민이 똑같이 나누어 간다면, 1인 가구는 1천500만 원, 2인 가구는 3천만 원, 3인 가구는 4천500만 원, 4인 가구는 평균적으로 6천만 원이 가계소득이 되어야 한다. 그런데 이렇게 버는 경우는 매우 드물다. 왜 그럴까? 위의 소득 불평등 수치로 돌아가면 이 수수께끼가 풀린다.

먼저 1인 가구를 기준으로 계산해 보자. 상위 10%는 평균의 4.8배를 가져간다. 이는 1천500만 원의 4.8배를 혼자 벌어간다는 것인데, 계산하면 7천200만 원이다. 상위 11-20%에 속하는 사람은 2배를 가져가니 3천만 원, 상위 21-30%는 1천950만 원, 나머지 하위 70%는 1천500만 원의 3/10, 즉 450만 원을 벌어가게 된다는 것이다.

이제 4인 가구로 계산해 보자. 4인 가구의 경우, 상위 10%는 2억 8천800만 원, 반면 하위 70%에 속한 4인 가구는 평균적으로 1천800만 원을 버는 게 평균이다.

요약하면 다음과 같다. 1인당 국민소득이 3천만 원이고, 이의 50%가 대략 개인의 소득으로 돌아온다면 4인 가구 평균은 6천만 원 정도의 소득이어야 한다. 3인 가구의 경우는 4천500만 원 정도이다. 그런데 실제 이렇게 벌어가는 사람은 많지 않다. 하위 70%에 속한 사람은 4인 가구 평균이 1천800만 원에 불과하다.

88만원 세대, 하루 8시간 최저임금을 받고 일한다면 한 달에 88만원 정도를 벌어간다. 600-700만에 이르는 자영업자들이 한 달에 벌어가는 돈이 평균적으로 1천만 원에 불과하다는 조사결과가 쏟아져 나오고 있다. 설마 그 정도 밖에 못 벌겠어? 그 사람들은 매우 가난한 사람들에 속하는 것 아니야? 사실이 아니다. 하위 70%에 속한 사람들이 1년에 1천만 원 버는 것은 지극히 정상적이다. 하위 70%를 기준으로 본다면 1년에 1천만 원 벌어간다는 것은 사실 평균보다는 많이 벌어가는 것이다.

● 한국의 소득 불평등

2.

누가 상위 10%에
속하는가?

소득 불평등의 얘기가 나오면 바로 나오는 것이 재벌 타령이다.

"그 놈의 재벌 놈들이 너무 많이 가져가서 밑에 사람들이 다 못살게 된다니까!"

맞는 얘기다. 한국의 재벌들은 너무 많이 가져간다. 그런데 이들만으로는 상위 10%가 다 채워지지 않는다. 우리나라에 재벌들은 그렇게 많지 않다. 소득 불평등을 분석한 김낙년 교수의 데이터를 꼼꼼하게 들여다 보아야 할 이유가 여기에 있다.

김낙년 교수가 분석한 전체 사례는 대한민국 20세 이상 성인을 대상으로 하였다. 이는 국제적 비교를 위해 피케티가 사용한 방법을 따라 한 것이다. 이럴 경우에 전체 수, 즉 분모는 대한민국 성인 인구 수, 3천796만7천813명이다.(2010년 기준) 대략 3천800만 명이라 하자. 3천800만 명의 10%이면 380만 명이다. 이 380만 명이 대한민국 성인 인구 중 소득상위 10%에 들어간다.

재벌이라고 해봐야 얼마나 되겠는가? 1%면 38만 명이다. 여전히 너무 많다. 0.1%인 3만8천 명 정도가 대한민국 최고부유층들에 속할 것이다. 대부분의 재벌 가족과 친인척들이 여기에 속할 것이다. 이 상위 0.1%의 평균소득은 연 7억5천만 원이다. 평균이 그렇다는 것이고, 0.1% 최고 부유층에 속하기 위해서는 최소한 1년에 3억1천700만 원은 벌어야 한다. 2010년 기준으로 그렇다.

상위 1%에 속하는 사람은 38만 명이다. 이들이 전체 소득의 12.95%, 대략 13%를 가져간다. 대한민국 소득 상위 1%에 속하려면 최소한 1억1천600만 원을 벌어야 한다. 이들의 평균 소득은 당연히 이보다 높은데, 대략 2억1천800만 원 정도가 된다. 연평균 1억1천600만 원 이상을 버는 사람들은 누구일까? 대략 건실한 중견기업 오너와 경영자들, 의사와 변호사들 같은 전문직 종사자들일 가능성이 매우 높다. 대한민국 전체 의사의 숫자는 9만여 명, 변호사는 2만여 명을 갓 넘는 정도이다. 그 외 변리사 등 고액 연봉을 받는 모든 전문직 종사자들이 모두 상위 1%에 들어간다고 보면 된다.

이제 여기서 질문이 하나 생긴다. 재벌과 웬만한 대기업 오너와 그 친인척들, 전문경영인 등은 상위 0.1%, 의사와 변호사 등 고액 연봉을 받는 전문직 종사자들이 거의 다 상위 1%에 들어간다고 보면, 이 상위 1%를 제외한 나머지 상위 10%는 도대체 누가 차지하고 있는 걸까? 이 문제는 이 책 전반의 논의와 관련하여 매우 중요한 핵심적 질문 중 하나이다.

앞서 상위 10%의 소득분배율에서 우리나라가 미국과 어깨를 나란히 하면서 1, 2위를 다투는 가장 소득 불평등이 높은 국가라고 하였다. 그런데 이 10%가 가져가는 몫이 주요 국가 중 가장 높은 이유는 심층분석을 요한다. 일단 미국과 비교해 보자. 두 나라 모두 상위 10%가 전체 소득의 48% 정도를 가져간다. 상위 1%가 가져가는 몫은 두 나라가 큰 차이가 난다. 미국은 상위 1%가 19%, 한국은 13%로 6% 정도 차이가 난다. 즉 상위 10%가 가져가는 몫은 미국과 한국이 유사하지만, 미국은 상위 1%가 한국보다 6% 정도를 더 가져간다. 다른 말로 하면 한국은 상위 1%가 가져가는 몫도 크지만, 이를 제외한 상위 2-10%에 이르는 9% 집단이 미국보다 6% 정도를 더 가져간다는 말이다. 한국 상위 1%가 가져가는 13%는 다른 나라들에 비해서 높긴 하지만 평균 9% 정도에 비하면 차이가 그렇게 크다고 할 수는 없다.

대한민국을 명실상부한 소득 불평등의 선두 국가로 만드는 것은 상위 1%가 아닌 그 아래 2%와 10% 사이의 9% 집단이다. 미국은 상위 1%를 뺀 2-10%의 점유율이 29%다. 한국은 35%로 미국보다 6% 정도 높다. 다른 나라와 비교하면 이 차이는 더 커진다. 중간 정도에 있는 프랑스는 상위 10% 전체의 점유율이 33%로 우리의 2-10%가 점한 35%보다도 낮다. 프랑스의 경우 1%가 점한 8%를 빼면 프랑스 2-10%는 25%로 우리보다는 10% 정도 낮다. 소득 불평등 정도가 가장 약한 덴마크의 경우는 상위 10%가 가져가는 전체 몫은 26%에 불과하다.

그렇다면 대한민국에서 이 상위 10%에 들어가는 집단은 누구인가? 먼저 상위 10%에 들어가는 가입조건부터 살펴보자. 대한민국 소득 상위 10% 집단에 들어가려면, 연소득 4천432만6천 원을 벌면 된다. 세금을 떼기 전 소득의 합계, 즉 세전소득이 그렇다. 물론 상위 10%의 평균 소득은 이의 두 배 정도인 8천85만1천 원이다.

당신의 예상보다 너무 적어 놀랍지 않은가? 그러나 이것이 현실이다. 당신의 세전소득이 4천500만 원, 매년 2% 정도의 물가상승률을 감안하다면 2015년 현재 5천만 원 정도를 세전소득으로 번다면, 당신은 대한민국 상위 10%에 들어간다. 20세 이상 대한민국 성인 인구를 소득에 따라 순서대로 한 줄로 세웠을 때 앞에서부터 10% 안에 들어간다는 의미이다.

이 수치는 일자리 자체가 없거나 일을 하지 않는 사람들까지 포함된 것이다. 여기서 일을 하지 않는 사람들(대략 739만 명)을 빼고 지금 일자리를 가지고 있는 사람들만 세면 대략 3천122만 명 정도가 된다. 이 중 상위 10%는 312만 명 정도이다. 위의 대한민국 성인 모두를 분모로 한 경우에는 상위 10%에 속하려면 380만 등 안에 들어야 한다. 이 취업자 기준으로 해서 상위 10%, 즉 소득 순위로 312만 명 안에 들려면 1년에 최소 5천765만 원 이상을 벌어야 한다. 현재 기준으로는 6천만 원 이상을 벌면 상위 10% 안에 든다는 말이다. 물론 이들의 평균 소득은 이보다 높아서 1억 원 정도를 버는 것으로 나타났다.

국제 기준이 그 나라의 20세 이상 성인 인구를 모두 포함하는 것이고, 이를 기준으로 국제비교를 해왔으므로 전체 성인 인구 3천800만 명의 10%인 380만 명을 기준으로 논의를 계속해 보자. 재벌은 당연히 38만 명이 속하는 상위 1%에 들어간다. 개인적 편차는 있겠지만, 논의의 편의상 의사와 변호사 같은 고소득 전문직들도 모두 이 상위 1%에 들어간다고 가정하자.

그렇다면 상위 1%인 38만 명을 제외한 상위 2-10%에 속하는 사람들은 숫자로는 342만 명이 된다. 그 경계점은 2010년도에 4천500만 원, 2015년 현재에도 5천만 원 이상을 벌면 전국 성인 인구 중 상위 10%에 들어간다는 점이 분명해진다.

3.

당신은 대한민국
몇 %입니까?

2015년 5월 11일자 한국일보에 〈우리들의 일그러진 월급통장: 당신의 월급은 대한민국 몇 %입니까?〉라는 제목의 재미있는 기사가 실렸다.(인터넷에 주소창에 http://interview.hankookilbo.com/v/ad198673cbd34caa8f4ab930007d8153. 이 주소를 치면 지금도 찾아볼 수 있고, 들어가면 당신의 월급이 월급쟁이 중 상위 몇 %에 속하는지 확인할 수 있다.)

이 자료는 고용노동부에서 2013년을 기준으로 대한민국 월급쟁이들의 월급통계를 낸 자료이다. 이에 따르면 한 달 평균 203만3천 원을 받는 사람은 정확하게 대한민국 직장인 중 딱 중간수준이다. 상위 10%에 들려면 511만8천 원 이상을 받으면 된다.

이와 유사하지만 수치가 조금 다른 자료가 있다. 2013년에 국세청에 근로소득 연말정산을 신고한 1천636만3천 명을 대상으로 한 조사결과에 따르면, 연 소득이 2천만 원 이하인 근로자는 777만2천886명으로 전체의 47.5%에 달했다. 전체 임금근로자의 절반 가량이 월급 166만7천원도 못 받고 있는 것이다.(참고로 2013년 당시 최저임금은 시급 4,860원, 주 40시간으로 4주 근무 기준으로 환산하면 월급은 77만7천600원이다.)

이 연구와 김낙년 교수 연구와의 가장 큰 차이점은 그 연구대상이 다르다는 점이다. 김낙년 교수의 연구는 분모가 대한민국 성인 인구 모두인 3천8만 명인데, 한국일보 기사는 2013년에 근로소득 연말정산을 신고한 1천630여만 명의 직장인을 대상으로 한 조사이다. 왜 이렇게 분모가 크게 달라지는가를 이해하기 위해서는 다음 표에 대한 이해가 필요하다.

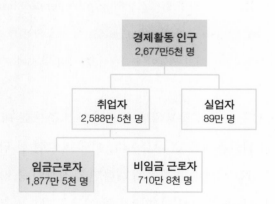

이 그림은 통계청의 〈2014년 8월 경제활동 인구조사〉 자료이다. 이에 따르면 우리나라의 경제활동인구는 2천677만5천 명이고, 이 중 70%가 넘은 1천877만5천 명이 임금금로자이다. 전체 취업자 2천588만5천 명 중 1천800여만 명의 임금근로자를 뺀 710만8천 명이 비임금근로자인 자영업자이다.

4.

왜 유리지갑인 월급쟁이들만
털어가냐고?

소득 불평등이든, 세금이든, 복지든 경제문제가 쟁점이 되면 항상 나오는 항변이 왜 유리지갑인 월급봉투만 가지고 뭐라 하냐는 것이다. 이 문제를 논의하기 전에 몇 가지 염두해야 할 사실이 있다. 가장 중요하게는 정작 고소득자인 본인이 자신의 소득이 높다는 사실을 제대로 인식하지 못하기 때문에 이러한 항변이 가능하다는 점이다.

앞서 설명하였듯이, 1인당 국민소득이 대략 3천만 원 정도라고 하니, 혼자 3천만 원 벌고, 4인 가족이면 1억2천만 원 정도를 버는 게 국민 평균이라고 생각한다. 그래서 나 혼자 4-5천만 원을 벌거나, 맞벌이 하는 배우자와 합쳐서 6-7천만 원을 버는 것을 고소득이라고 생각하지 않기 때문에 세금을 더 내라고 하는 주장에 분노하는 것이다. 왜 유리지갑만 털어가려고 하느냐고 항변하는 사람들 중 다수는 한국 경제의 현실에서 자신이 상위 소득집단에 속한다는 사실을 알지 못한다.

1인당 국민소득이 3천만 원이라는 것은 개개인이 3천만 원을 가져가는 것을 의미하지 않는다. 전체 국민소득 중 개인과 가계의 몫은 대략 이의 55% 정도이다. 그래서 개인당 1천500만 원 정도가 기준점이 된다. 2인 가구이면 3천만 원, 3인 가구는 4천500만 원, 4인 가구는 6천만 원 정도가 된다. 이것도 전체 국민이 100명이고, 나누어 먹을 파이도 100조각이고, 각자가 공평하게 한 조각씩만 나누어 먹는 것을 상정한 경우이다.

실제로는 그렇지 않다. 상위 1%에 속하는 사람들이 대략 한 명당 12조각을 먹는다. 상위 10%에 속하는 사람들 개개인은 4.8 조각을 먹는다. 상위 10%가 먹고 나면 100조각 중 48조각이 사라져 52조각만 남게 되고, 아직 못 먹은 90명의 사람들은 이제 남은 52조각을 먹게 되니 대략 두 명당 한 조각, 즉 한 명이 반 조각 정도만 먹게 된다.

상위 10%를 제외한 나머지 90%의 사람들의 평균은 이제 일인당 1천500만 원이 아니라 800만 원 남짓이게 된다. 4인 가구라 해도 3천만 원을 갓 넘는 수준이다. 이게 대한민국 상위 10%를 제외한 일반국민의 평균적인 모습이다. 4인 가구 평균 수입이 3천만 원 남짓이라면(가장 한 사람이 이 정도 벌면 그나마 다행인데) 영세 자영업을 하는 가장이 1천만 원, 부인이 식당이나 도우미로 나가서 1천만 원, 대학을 졸업하고 취직을 하지 못한 아들이 편의점 알바 등을 해서 1천만 원, 이렇게 셋이 번 돈을 합친 가구 수입이 3천만 원을 갓 넘는 것이 대한민국의 평균적인 가정의 모습이다. 4인 가족이긴 한데 혼자 직장생활을 해서 4-5천만 원을 버는 사람은 그래서 개인별 비교에서는 당연히 상위 10% 이내에 들어가는 것이다.

월급쟁이들의 항변에는 또 다른 그럴듯한 근거가 있다. 우리는 흔히 사람들의 소득에는 월급 말고 다른 것들도 많이 있다고 생각한다. 가장 자주 거론되는 것이 졸부 아들의 임대소득이다. 즉 월급쟁이는 죽도록 일해서 얼마 벌지도 못하는데, 저쪽 동네 졸부 아들은 하는 일도 없이 아버지로부터 물려받은 빌딩 임대료로 얼마를 번다 하는 소문같은 것들이 그것이다. 직장인 월급생활자들은 이런 얘기에 기운이 빠지기 마련이다. 이런 상황에서 죽어라 일해서 5-6천만 원 정도 버는 것을 "너는 상위 10%에 속하는 고소득자이니 세금을 더 내라" 하는 소리가 달가울 리 없다. 그래서 복지를 늘리자면서 세금을 더 내라고 하면 감정적 반발이 먼저 튀어나오는 것이다.

일단 상황을 정확하게 알 필요가 있다. 내 월급이 대한민국 상위 몇 프로에 속하는지, 월급 말고 다른 소득을 올리는 사람들이 얼마나 많고 그 규모는 어느 정도인지를 정확하게 알아야 그나마 객관적인 상황 파악이 될 것이다.

먼저 국세청 세금자료를 분석한 김낙년 교수의 연구로 돌아가 보자. 거듭 밝히지만 이는 국세청에 어떠한 형태의 소득이라도 신고된 사람들 모두를 모은 자료이다. 그래서 월급쟁이의 봉급뿐만 아니라 건물 임대소득 등 기타 등의 소득을 다 합친 것이다. 이 모든 소득을 모두 합쳐 4천432만6천 원 이상을 버는 사람은 대한민국 상위 10%라는 것이다.(가장 주의하여야 하는 것이 이의 분모가 무엇이냐는 것이다. 여기서 분모는 대한민국 성인 남녀 모두이다.) 20세 이상의 대한민국 국민을 다 포함해서 이를 분모로 잡고 소득 순으로 세워보니 상위 10% 안에 들어간다는 말이다.

4천432만6천 원을 버는 사람은 상위 10%에 들어가긴 하는데 이들이 그 중 마지막이라는 것이다. 대략 이 정도 연수입이면 379만6천 등 정도 한다는 말이다. 당연히 이 상위 10%의 평균은 이보다 높다. 평균은 8천만 원을 조금 넘는다. 대략 4천500만 원 정도 벌면 380만 등 한다는 얘기이다.

이 4천432만 원 수입이면 380만 등 안에 든다는 사실을 기억하고, 이들의 연봉이 대한민국 임금근로자 전체에서 차지하는 정도를 검토해 보자. 이를 월급으로 나누면 379만 원 정도가 된다. 이를 임금근로자 월급통계에 넣으면 상위 20%라고 나온다. 3천800만 명의 성인 인구 전체에서 상위 10%를 점하는 소득수준이 1천887만 명의 임금근로자에서는 상위 20%에 속한다는 의미는 무엇일까?

김낙년 교수의 3천800만 명 대상 연구에는 1천800여만 명의 임금금로자는 물론 710만 명의 비임금 근로자, 즉 자영업자가 포함된 것이다. 그리고도 여전히 1천300만 명 정도가 남는다. 이들은 임금근로자와 자영업자에 속하지 않는 비경제활동인구이다. 역으로 임금노동자 계층만을 대상으로 한 경우 상위 20%에 속하는 이들이 이의 두 배인 3천800만을 대상으로 할 경우에, 그대로 상위 10% 안에 들어간다는 의미는 우리나라 소득상위 10%에 속하는 사람들은 거의 다가 임금노동자들이라는 말이다. 다른 말로 하면 687만에 달하는 자영업자 중 상위 10%에 속하는 경우는 그 비율상 매우 미미하다는 의미이다.

상위 10% 안에는 재벌 대기업은 물론 중견기업 오너와 전문 경영인들이 들어갈 것이다. 이들 뿐만 아니라 의사와 변호사 등 고소득 전문직 종사자들도 들어갈 것이다. 그러나 그래봐야 이들의 비중이 그렇게 높을 수는 없다. 따라서 상위 10%인 380만 명의 절대다수는 임금노동자들인 것이다. 이 주장은 다른 통계로도 입증된다.

다시 김낙년 팀의 연구다. 이 연구에 따르면 소득 최상위 0.1%는 자본 소득(60.5%)이 임금 소득(39.5%)보다 훨씬 많지만, 상위 10%의 소득에서는 임금 소득(82.6%)이 자본 소득(17.4%)의 3배가 넘는다. 결국 극소수의 최상위층을 제외하면 대부분의 사람들은 월급에 의존하고 있다는 얘기이다. 즉 많은 월급을 받는 임금노동자들이 그에 비례하여(80% 이상) 전체 소득도 높아진다는 의미이다. 상위 10%까지만 내려와도 전체 소득에서 월급 외의 다른 소득이 점하는 비중이 그다지 높지 않다는 뜻이다.

다른 연구를 살펴봐도 결론은 다르지 않다. 한국보건사회연구원이 발행한 〈금융위기 이후의 소득재분배 정책의 효과〉 보고서에 따르면, 2011년 기준 국내 소득 불평등의 83%가 임금 불평등으로 인해 발생한 것으로 분석됐다. 사업 소득(26%)과 재산 소득(4.8%)이 불평등에서 차지하는 비율보다 월등히 높은 셈이다.

이 자료들을 보아도 재벌 대기업과 중견기업 오너와 최고경영자들, 전문직 종사자들 대부분이 상위 1%에 속한다고 볼 수 있고, 소득 상위 2-10%의 대부분을 임금소득 상위 10%가 점한다고 해도 무리가 없다.

그렇다면 누가 이 상위 10%에 속하는가? 흔히 박봉이라고 평가 받는 공무원들을 예로 들어 보자. 국세청의 2103년 근로 소득 연말정산 신고현황에 잡힌 전체 근로소득자는 1천635만 명 정도, 이 중 47.5%인 777만 명은 연 소득이 2천만 원 이하이다. 월급으로 치면 167만원도 못 받고 있는 것이다.

고용노동부의 월급통계에 따르면 2014년 공무원 평균 월급은 447만 원으로 상위 13%이다. 대한민국 임금근로자 전체를 소득 순으로 한 줄로 세웠을 때, 평균적인 공무원은 상위 13%에 속한다는 의미이다. 월급 447만 원을 연봉으로 환산하면 5천300만 원이 넘는다. 이게 공무원들의 평균 연봉이다. 평균적인 공무원 월급은 김낙년 팀의 상위 10% 소득 경계선인 4천400만 원을 가볍게 통과한다. 통계의 종류와 연도에 달라 조금씩 다르기는 하겠지만 전체 임금노동자 1천635만 명 중 상위 13%이기 때문에, 전체 분모를 3천800만 명으로 잡은 김낙년 교수팀의 연구에서는 평균적인 공무원은 상위 10% 안에 안정적으로 들어간다.

더구나 공기업은 평균적으로 600만 원이 넘어 상위 6%에 들어간다. 물론 기관별 편차가 심해 연봉이 1억 원 넘는 금융공기업도 있는 반면, 평균보다 현저히 낮은 곳도 있다. 평균 월급 800만 원인 현대자동차 정규직들은 상위 2%, 830만 원이 넘는 삼성은 상위 1%이다. 이들 대기업과 공공부문 정규직들, 그리고 공무원들이 순서대로 대한민국 소득 상위 10% 안에 들어간다.

제조업 중 중소기업에 다니는 노동자의 평균 월급은 230만 원으로 소득 수준으로는 상위 42%이고, 세금 떼기 전의 세전 소득이 200만 원인 월급쟁이가 임금노동자 사다리의 딱 중간인 50%에 속한다. 88만원 세대는 상위 89%! (그래도 그 밑으로도 11%나 있다니 참으로 위대한 대한민국이다.)

1인당 국민소득이 3천만 원이라는 것은
개개인이 3천만 원을 가져가는 것을 의미하지 않는다.
전체 국민소득 중 개인과 가계의 몫은
대략 이의 55% 정도이다.
그래서 개인당 1천500만 원 정도가 기준점이 된다.
2인 가구이면 3천만 원, 3인 가구는 4천500만 원,
4인 가구는 6천만 원 정도가 된다.

● 한국의 소득 불평등

2장.
소득 불평등의 원인, 이중적 노동시장

1.

상위 10%가 사는 법

　전국 성인 인구 3천800만 명 중 소득 상위 10%가 되려면 2010년 기준으로 세전 연봉 4천432만6천 원을 받아야 한다. 현재 시점에서는 대략 5천만 원 이상을 받으면 상위 10%에 여유있게 들어간다고 볼 수 있다. 2014년 공무원 평균 연봉이 5천400만 원이다. 이 공무원 평균 월급보다 높은 사람들은 다 상위 10% 안에 들어간다. 일단 삼성과 현대 등 재벌계열사에 다니는 정규직들은 당연히 모두 상위 10% 안에 들어간다.

　공무원 평균 연봉이 5천400만 원이라고 해서 모든 공무원들이 모두 이만큼 받는다는 의미는 아니다. 고위직으로 올라갈수록, 호봉이 높을수록 평균보다 많이 받을 것이고, 그렇지 않은 사람들은 평균보다 낮고 그들 중 일부는 상위 10%에 들어가지 못할 것이다. 이를 통틀어 모든 공무원들이 상위 10%에 들어간다고 하는 것은 그래서 틀린 말이다. 일단 이 오류의 가능성을 인정하고 이

● 한국의 소득 불평등

오류를 범하지 않기 위해서 상위 20%까지로 대상을 넓혀서 논의해 보자.

전국 성인 인구 3천800만 명의 20%면 760만 명 정도가 된다. 앞서 소개한 고용노동부 월급 통계는 성인 인구 통계보다 그 수가 절반 정도밖에 안 된다. 그래서 성인 인구에서 상위 10%인 사람은 고용노동부 월급통계에서는 상위 20% 정도가 된다.

이 상위 10%의 대부분을 차지하는 것은 재벌 대기업과 공기업 정규직, 그리고 공무원 등이다. 이들의 또 다른 공통점이 있다. 노조를 인정하지 않는 삼성계열사 등을 제외하면, 이들 대부분이 노조에 가입되어 있다는 점이다. 여기서 우리나라 노조 가입 현황을 살펴볼 필요가 있다.

고용노동부의 〈전국노동조합 조직현황〉을 보면 2013년 현재 우리나라 전체의 노조 가입률은 10.3%이다. 노조 가입률은 전체 노조가입 대상이 되는 근로자들 중 실제로 노조에 가입한 근로자의 비율을 나타낸다. 전체 가입 대상 근로자는 1천798만1천명, 대략 1천800만 명 정도이다. 이들 중 실제로 노조에 가입되어 있는 근로자는 184만 명을 조금 넘어 10.3%가 된다. 가입대상자는 상용, 임시, 일용직 근로자를 모두 포함하는 임금근로자인데, 노조가입이 금지된 공무원을 뺀 숫자이다.

노조 수는 5천300여 개이고, 대표적인 상급노조는 한국노총과 민주노총이 있다. 한국노총에 가입한 노조는 전체의 43.6%

인 2,313개, 민주노총은 6.7%에 불과한 356개에 지나지 않는다. 일부는 국민노총이라는 제3의 상급노조에 가입되어 있고, 나머지 2,536개 노조는 상급노조에 가입되지 않은 미가맹 노조로 분류된다.

그런데 여기에서 재미있는 사실이 발견된다. 가입된 노조 수는 한국노총이 2,313개 노조, 민주노총이 356개 노조로, 한국노총에 여섯 배 이상 많은 노조가 가입되어 있는데, 가입된 조합원의 총 수를 비교하면 한국노총은 81만9천여 명, 민주노총은 62만 6천여 명으로 큰 차이가 나지 않는다.

양대 노총에 가입된 조합원을 가맹조합수로 나누면 한국노총은 가입 노조 하나당 354명, 민주노총은 1천758명이다. 한국노총에 가입된 일부 대규모 사업장의 존재를 감안하면, 한국노총에 가입된 노조들은 300명 이내의 중소기업들이 많은 반면 민주노총에는 조합원 1천 명 이상의 대규모 노조들이 가입되어 있음을 알 수 있다.

민주노총이 대규모 사업장에 기반하고 있다는 점은 금속노조, 전교조, 공공운수노조가 민주노총의 트리오로 불릴 정도로 가장 큰 세력이며 금속노조에서는 현대자동차, 기아자동차 노조가, 공공운수노조에서는 철도노조가 가장 강한 세력을 유지하고 있다는 사실에서도 단적으로 드러난다.

특히 우체국과 운수업 등의 공공기관 노동자들이 가입한 전국공공운수노동조합연맹, 전국교직원노동조합, 전국공무원노동조합 등 공공부문과 공무원들의 노동조합도 민주노총에 속해 있고, 전국교직원노동조합과 함께 전국교수노동조합, 전국언론노동조합연맹 등도 속해 있어 교육계와 언론계를 망라하는 소위 상층 지식인 노동조합도 민주노총에 소속되어 있다. 이외에도 전국사무금융노동조합연맹과 전국보건의료산업노동조합 등 소위 잘 나가는 노동조합들이 대거 민주노총에 포진해 있다.

　　반면 한국노총은 조합원 수에서 알 수 있듯이 민주노총에 비해서는 상대적으로 규모도 작고 임금수준도 높지 않은 사업장들이 대거 포함되어 있다. 양 노총의 차이점에도 불구하고, 또한 상급조직에 가입하지 않은 노조들도 마찬가지지만, 우리나라 경제 현실에서 노조를 만들 수 있다는 것은 임금수준은 물론 여러 가지 근로여건이 일정한 수준 이상임을 의미한다.

　　전국 성인 인구 대비 상위 10%인 380만 명, 특히 상위 1%를 제외한 9%인 대략 340만 명의 대부분은 재벌 대기업 정규직이거나 공기업 정규직 또는 공무원들이다. 공무원 100만 명, 공기업 25만 명 등 여타 공공기관 종사자를 대략 40만 명 정도이고, 나머지 200만 명의 재벌 대기업 정규직들이 이 상위 10%를 차지한다.

　　그렇다면 상위 10%에 속하는 200만 명의 재벌 대기업 정규직의 소속은 어디일까? 이 10%에 속하는 것이 확실한 재벌 대기업은 어디일까? 먼저 가장 확실해 보이는 중심부터 동심원을 그려 나가보자. 먼저 국내 30대 상장기업의 정규직들이다. 2014년 말 시점에서 30대 상장기업의 임직원 수는 대략 55만 명 정도이다. 재벌총수가 존재하여 재벌그룹으로 분류될 수 있는 곳은 43개이다. 금융감독원 전자공시 시스템에 따르면 43개 재벌그룹의 전체 직원 수는 2013년 6월 기준으로 121만 명이다. 전체 직원이 가장 많은 곳은 삼성이었고, 현대자동차와 LG그룹은 근소한 차로 2위와 3위를 기록했다. 삼성그룹의 직원 수는 25만7천47명으로, 이 가운데서 삼성전자가 8만9천400명으로 그룹 내에서 직원 수가 가장 많았다.

2위는 현대자동차그룹으로 전체 직원 수는 14만7천754명에 달했다. 직원 수가 가장 많은 계열사는 현대차로 6만116명이었고, 이어 기아차 3만2천840명, 현대제철 9천248명 등의 순으로 조사됐다. 6천800명의 차이로 3위가 된 LG그룹의 전체 직원 수는 14만868명으로, LG전자 3만8천825명, LG디스플레이 3만4천745명, LG화학 1만1천903명, LG이노텍 9천903명 등이다. 4위는 롯데그룹으로 8만3천951명, 이어 SK(7만7천909명), CJ(4만6천471명), 현대중공업(4만127명), 한화(3만4천093명), GS(3만2천752명), 신세계(3만2천319명) 순으로 나타났다.

공무원 100만, 공기업 등 공공기관 40만, 48개 재벌 대기업 120만, 도합 260만 명은 확실히 대한민국 소득 상위 10%에 들어간다. 평균 연봉이 1억 원에 육박하는 6대 시중은행 임직원들도 상위 10%에 반드시 들어간다. 임직원 수가 가장 많은 국민은행의 2만1천 명을 필두로 6개 시중은행의 전체 임직원 수는 대략 8만 명

선이다. 이들 중 고위직은 상위 1%의 경계선인 대략 1억2천만 원 안에도 들어갈 것이다.

그런데 대기업과 공기업 정규직 그리고 공무원들의 숫자가 어느 정도이기에 상위 10%인 380만 명의 대부분을 채운다고 하는 것인가? 정확하게는 340만 명 정도이다.

이와 관련해서는 먼저 새정치민주연합 은수미 의원의 주장을 참조할 수 있다. 은수미 의원이 청년실업 해소 방안이라고 발표한 자료에 의하면 '재벌 대기업 청년고용할당제'를 적용하면 약 7만 개의 일자리가 생긴다고 한다. 5%면 11만 개라고 하니, 이를 역산하면 은 의원이 재벌 대기업이라고 분류하는 기업의 정규직 숫자는 220만 명이다. 위에서 제시한 48개 재벌 대기업의 120만 명 임직원보다는 두 배 정도 많은데, 정확히 어떤 기준을 사용하였는지는 모르지만 이 또한 하나의 준거가 될 수는 있겠다.

다른 기준을 적용해 보자. 우리나라 공무원 월급은 상용직 근로자 100명 이상인 기업의 84.5%로 정해져 있다고 한다. 노동운동을 하다가 지금은 한국의 고용과 노동문제 전문가로 활동하고 있는 사회디자인연구소의 김대호 소장에 따르면, 이들 기업에 근무하는 근로자 수가 300만 명이다. 이들 월급의 84.5%가 공무원 평균 월급인 447만 원이므로 이들의 평균 월급은 529만원이 된다. 모두 상위 10%에 들어간다.(이와는 별개로 김대호 소장의 저서들, 특히《희망 코리아 가는 길, 2013년 이후》는 한국의 노동시장이 무엇이 문제이고, 그 정책적 대안이 무엇인지에 대해 관심이 있는 분들은 꼭 읽어보아야 하는 좋은 책이다.)

　　이들 상용근로자 100인 이상 기업의 300만 명에, 공무원 100만 명을 합하면 400만 명이 넘는다. 여기에 공공기관과 6대 시중은행 임직원들 50만 명을 합치면 450만 명 정도 된다. 상위 10%를 380만 명으로 잡아도 이들만으로도 차고 넘친다. 상위 10% 중 최상위인 상위 1%에 재벌 대기업과 중견기업의 오너와 전문경영인들, 의사와 변호사 등 고소득 전문직들이 들어간다고 하면, 이 아래 상위 2-10%인 340만 명은 이들만으로도 충분하다. 물론 이들 450만 명이 모두 소득 상위 10%에 들어가는 것은 아니다.

　　지금까지 이들이 속한 회사의 평균 월급을 기준으로 논의하여 왔다. 이들 대부분이 성과급제보다는 근속 연수에 의한 호봉제의 영향이 크다는 점을 감안하면, 월급 순서대로 상위 10%까지 채우고 그 나머지, 즉 이들 중 평균 이하를 받는 정규직들과 공무원들이 그 아래 15% 또는 20%까지 채울 것으로 추정할 수 있다.

2.

좌파기득권과
이중적 노동시장

한국의 소득분배와 노동시장과 관련한 논의의 결론은 단순하다. 우리나라 상위 10%의 절대적 다수는 재벌 대기업과 공기업 정규직들과 공무원들이다. 이 중 최상위층인 상위 1%는 재벌 대기업과 중견기업의 전문경영인과 오너들, 의사와 변호사 등 전문직 종사자 중 고소득자들의 몫이다. 상위 10%에 포함된다는 공통점에도 불구하고 이 두 그룹 간에는 질적인 차이가 있다.

가장 중요하게는 자본가냐 노동자냐의 차이이다. 즉 자신의 자본을 투자하여 회사를 설립한 오너이냐, 아니면 이들에게 노동력을 제공하고 그 대가로 임금을 받는 노동자이냐, 라는 질적인 차이가 존재한다. 의사와 변호사 같은 전문직 종사자들 간에도 이 차이는 존재한다. 자신이 직접 병원을 설립하고 운용하는 병원장인가, 아니면 이들에게 고용된 페이닥터냐의 차이이다. 전문직 종사자들의 경우, 이들 간의 이러한 내부적 차이에도 불구하고 이는 이 글의 전체 요지와는 크게 관련이 없다. 그래서 크게 기업을 소유한 자본가를 우파기득권, 이들의 대규모 사업장에 고용된 노동자들을 좌파기득권으로 통칭하기로 하자.

모든 자본가를 우파기득권, 모든 노동자를 좌파기득권으로 분류해서는 안 된다. 그 이유도 단순하다. 자본가라고 다 같은 자본가가 아니기 때문이다. 자기 노동의 대가가 아니라 투자한 자본의 대가로 자본수익을 올리는 경제적 주체들을 자본가라 분류하는 것은 맞지만, 이들이 모두 같은 조건에 처해 있는 것이 아니다. 예를 들어 삼성 이건희 회장과 조그마한 치킨집의 김 사장은 모두 자본가로 분류되지만 이들의 처지는 천양지차이다.

노동자들도 마찬가지다. 재벌 대기업 정규직과 중소영세업체에 근무하는 비정규직 또는 치킨집 알바는 같은 노동자로 분류되지만 이들의 임금과 근로조건, 직업안정성, 복지혜택 등은 말 그대로 천양지차다. 민주노총 등 노동계는 이러한 차이를 무시하고 그냥 노동자 일반으로 통칭하기를 선호한다. 그러나 이는 삼성 이건희 회장과 치킨집 사장을 같은 자본가로 분류하는 것만큼이나 현실을 호도할 가능성이 높다.

대표적인 것이 남양유업 사태이다. 남양유업 회장과 대리점을 운영하는 점주는 다 같은 사장님이고 자본가이다. 그러나 현실에서는 이 두 사장님이 말 그대로 같은 사장님이 아니다. 이들 자본가들 간에도 하청관계가 존재하고 갑을관계가 존재한다. 심한

● 한국의 소득 불평등

경우 자본가에 의한 자본가의 착취도 가능하다. 이것이 자본의 분화이다.

노동자들도 마찬가지이다. 현대자동차 정규직과 2차 협력업체 직원들은 같은 노동자가 아니다. 모든 면에서 차이가 있지만 일단 임금만 봐도 그러하다. 자본가라고 같은 자본가가 아니게 된 현실을 자본의 분화라고 한다. 같은 맥락에서 노동자라고 같은 노동자가 아닌 현실을 노동의 분화라고 한다.

다음의 표는 광주 기아차 본사와 1, 2차 협력사 직원들의 임금 격차를 보여준다. 우리가 흔히 기아차 본사라고 부르는 기아차 정규직들의 경우 평균 연봉이 1억 원이다. 본사의 사내하청과 1차 협력사는 이의 절반인 5천만 원과 4천7백만 원이다. 2차 협력사와 이의 사내하청은 또 이의 절반인 2천8백만 원과 2천2백만 원이다. 1억 원의 본사 직원을 기준으로 한 단계 내려올 때마다 연봉은 절반으로 줄어, 마지막 2차 하청업체로 오면 본사 직원의 1/4수준으로 떨어지게 된다.

자본주의 사회에서 임금 격차는 불가피한 측면이 있다. 문제는 이러한 차이가 시장에서의 수요와 공급에 의해서 결정되는가의 여부이다. 본사 정규직들이 기술수준도 높고 숙련노동을 담당하고, 그래서 생산성도 높다면 이런 차이는 받아들일 수 있다. 그러나 그렇지 않다는 증거들은 이미 충분히 쌓여 있다. 생산성과 시장에서의 수요와 공급에 의한 결정이 아님에도 불구하고 정규직들의 높은 임금과 좋은 처우를 뒷받침하는 것은 무엇인가?

광주 기아차 노동자 임금 격차 (자료 : 한국노동연구원 2014년 기준)

고용 형태	평균 연봉
기아차 광주공장 정규직	1억 원
사내하청	5000만 원
1차 협력사	4700만 원
1차 협력사 사내하청	3000만 원
2차 협력사	2800만 원
2차 협력사 사내하청	2200만 원

　　이를 이해하기 위해서는 이중적 노동시장이 무엇이고, 이는 어떻게 작동하는가를 이해할 필요가 있다. 무엇보다 노동자 간에 착취와 수탈 관계가 존재하는가의 여부가 중요하다. 서로 각자의 사장에게 고용된 상황에서는 노동자 간의 직접적인 착취관계가 존재하기는 어렵다. 그럼에도 불구하고 회사와 회사 간의 하청관계가 존재한다면 이를 통한 간접적 착취는 가능하다. 이를 형상화한 것이 다음의 그림이다.

　　이 그림은 한국의 자본과 노동의 관계를 형상화한 것이다. 일단 최상층의 정부와 이에 고용된 공무원과 공기업 정규직에 대한 논의는 이후로 미루어 두고, 왼쪽의 우파기득권부터 논의를 시작해 보자.

　　우파기득권은 재벌 대기업이다. 이들이 모든 물건을 자신들이 직접 고용한 정규직들을 통해 생산하는 것은 아니다. 이들과 하청관계를 맺고 있는 하청업체를 통해 생산한다. 이 하청업체에

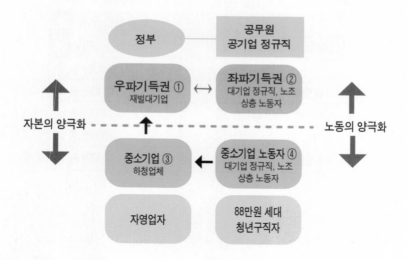

는 위 현대자동차 사례에서 보듯이, 1차 하청업체 또는 협력업체가 있고, 그 아래로도 2, 3차 협력업체가 하나의 체인처럼 결합되어 돌아가는 구조이다.

이 재벌 대기업이라는 원청업체와 하청업체인 중소기업 간의 관계가 공정하다고 믿는 사람은 거의 없다. 재벌 대기업은 원청업체라는 자신들의 독점적 지위를 활용하여 단가 후려치기 등 하청업체와 불공정 계약을 맺는다. 그래서 지난 대선에서 화두가 되었던 경제민주화가 부상한 것이다. 같은 자본가라 하더라도 재벌 대기업과 중소 하청업체 간의 관계는 공정하지도 않고, 결과적으로 경제적 부도 재벌 대기업을 중심으로 축적되어 하청업체의 상황은 갈수록 악화된다. 이것이 자본의 양극화다.

이런 관계에서 부의 이전 과정을 단순하게 살펴보자. 재벌 대기업은 왜 자신들의 본사 정규직 노동자를 고용하지 않고 하청업체를 동원하는가? 현대자동차 사례에서 보듯이 이렇게 해야 수지타산이 맞기 때문이다. 정규직을 활용해도 이익을 낼 수 있겠지만 더 싼 인건비를 지불하고도 비슷한 결과물을 얻을 수 있다면 이처럼 수지맞는 장사가 있을 수 없다. 이뿐만이 아니다. 노조가 조직된 현대차 본사 정규직들의 경우는 회사 상황이 어려워져도 해고하기가 쉽지 않다. 요즘같이 강성노조가 존재하는 경우 더욱 그러하다.

기업가 입장에서의 경제적 수지타산뿐만 아니라 이러한 하청계열화는 본사 정규직들의 고용안정에도 도움이 된다. 생산량이 늘어난다고 그때마다 정규직 채용을 늘렸다가는 행여 이후 주문량이 줄어들거나 한다 해도 해고하기 어렵다. 그런데 하청업체를 통한 아웃소싱으로 이런 문제를 피해갈 수 있다. 생산량이 늘면 하청계약을 늘리고, 줄어들면 하청관계를 끊으면 된다. 이런 의미에서 하청업체는 본사 정규직들의 고용안정을 위한 범퍼 역할을 한다.

본사 정규직보다 낮은 인건비, 해고의 용이함 등이 재벌 대기업이 하청업체를 통한 아웃소싱을 선호하는 가장 중요한 이유이다. 이 과정에서 아무 상관도 없어 보이는 하청업체 노동자와 본사 정규직 노동자들 간의 간접적인 착취 관계가 형성된다. 재벌 대기업은 본사 정규직들에게 지불해야 할 인건비보다 낮은 단가로 하청계약을 맺는다. 당연히 하청업체 사장은 이를 자신이 고용한 하

●한국의 소득 불평등

청업체의 노동자들의 임금을 적게 주는 방식으로 해결한다.

　　여기서 하청업체의 정규직이냐 비정규직이냐는 사실은 중요하지 않다. 정규직이 비정규직보다는 상대적으로 나은 상황일 수는 있지만, 이들은 자신들이 기여한 몫보다 적은 몫을 챙겨갈 수밖에 없는 상황에 직면하게 된다. 본사 정규직들의 인금 인상 요구가 거셀수록 재벌 대기업은 이를 하청단가 인하를 통해 하청업체에 떠넘기고, 하청업체 사장은 이를 자신이 고용한 노동자들에게 전가한다. 이것이 원래는 하청업체 노동자들에게 돌아갈 몫이 재벌 대기업 본사의 정규직들에게 부당하게 이전되는 메커니즘이다.

　　이의 결과물이 노동의 양극화이다. 이 메커니즘이 작동하면 할수록 본사 정규직들은 자신들이 기여한 몫보다 더 가져가고, 하청업체 노동자들은 덜 가져가게 되고, 이것이 누적되다 보면 노동의 양극화로 이어진다. 실제로 한국사회의 노동시장이 어떻게 작동하여 왔는가, 특히 소득의 양극화가 어느 정도로 진행되었는가를 보여주는 것이 다음의 그림이다. 한국노동연구원 홍민기 연구원이 국세청 원천소득세 신고자료를 이용해 임금집중도를 분석한 〈임금불평등의 장기 추세(1958~2012)〉 보고서이다. 상위 10%의 임금 비중은 1995년 23.9%에서 2010년 34.8%로 커졌다.

　　소득 불평등의 세계적 권위자 피케티 교수는 상위 10%가 벌어들이는 소득 비중이 전체 국민소득의 20% 이상인 국가를 '낮은 불평등', 25% 이상이면 '중간 정도의 불평등', 35% 이상이면 '높은 불평등', 45% 이상이면 '매우 높은 불평등' 상태로 분류한다.

상위 10% 집단의 임금 비중

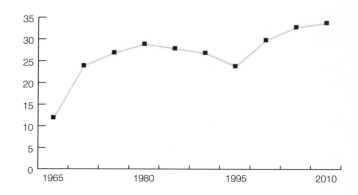

위 그래프에 따르면, 우리나라의 경우 1960, 70년대는 갑작스런 경제 발전과 함께 불평등이 급격히 심화되지만 1980년대부터 1990년대 중반까지는 완화되는 모습을 보인다. 그러나 1995년부터 다시 임금 격차가 벌어지기 시작해 현재까지 가파른 상승세를 유지하고 있다.

임금 소득만을 분석한 위 자료가 아닌 국세청 소득세 자료와 국민계정 등을 통합해 더 포괄적인 소득 정보를 분석한 김낙년 교수의 자료에 따르면, 상위 10%의 소득이 전체 국민소득에서 차지하는 소득 비중은 2000년 35.4%(높은 불평등), 2012년 44.9%(매우 높은 불평등 상태 육박)에 이른다.

1995년부터 2010년 사이 전체 노동자의 임금이 절대적으로 증가하였는지, 감소하였는지에 상관없이 상위 10% 노동자들이 전

● 한국의 소득 불평등

체 임금에서 차지하는 비중이 24%에서 35%으로 대략 1.5배 정도 증가하였다는 사실은 의미하는 바가 크다. 노동자들의 전체 몫이 어떻게 변화하였는지는 모르겠지만, 만약 전체 몫이 줄어들었다면 그 고통은 온전히 하위 90%가 부담하였을 가능성이 높다. 역으로 증가하였다면 그 혜택은 온전히 상위 10%의 몫이었을 가능성이 높다. 그 사이 어찌되었든 상위 10%는 자신들의 몫을 종전에 비해 50% 가량 늘려왔고, 그 부담은 고스란히 하위 90%에게 떠넘겨진 것이다.

이 시기를 전후로 우리 사회의 전반적인 소득 불평등이 심화되었다는 사실은 우연이 아니다. 한쪽에서는 자본들 중 재벌 자본으로의 부의 집중, 노동 중에서는 대기업 정규직이라는 상층노동자로의 집중 현상이 겹쳐서 소득 불평등이 심화된 것이다. 그 결과가 2010년 국세청 소득자료를 분석한 김낙년 교수팀의 연구결과로 나타난 것이다. 상위 1%가 전체 소득의 13%를 가져가게 된 것이 자본 양극화의 결과라면, 상위 10%가 전체 소득의 48%를 가져가게 된 것은 노동 양극화의 결과이다.

앞서 상위 1%의 다음인 2-10% 사이의 9%가 전체 소득의 35%를 가져간다는 사실을 밝혔다. 이들 9% 대부분은 재벌 대기업과 공기업의 정규직 노동자와 공무원들이 점하고 있다. 임금노동자들만을 분석한 홍민기의 연구도 동일한 패턴을 보여준다. 임금노동자 중 상위 10%가 전체 임금노동자 소득의 35%를 가져간다는 사실을.

　이런 동일한 패턴은 우연일까? 그렇지 않다. 앞서 상위 1%를 제외한 전 계층의 모든 소득에서 임금 소득이 80% 이상의 압도적인 비중을 차지한다는 점을 밝혔다. 그래서 전체 소득의 불평등과 양극화가 임금 소득의 불평등과 양극화 패턴을 그대로 따라가는 모습을 보이고 있는 것이다.

●

상위 1%가 전체 소득의 13%를 가져가게 된 것이
자본 양극화의 결과라면,
상위 10%가 전체 소득의 48%를 가져가게 된 것은
노동 양극화의 결과이다.

● 한국의 소득 불평등

3.

이중적 노동시장이
왜 문제인가?

지금까지 긴 논의의 결론은 단순하다. 우리나라 상위 10%의 절대적 다수는 재벌 대기업과 공기업 정규직들과 공무원들이라는 것이다. 이 중 최상위층인 상위 1%는 재벌 대기업과 중견기업의 전문경영인, 그리고 의사와 변호사 등 일부 고소득 전문가 집단이 들어간다. 이들이 가져가는 몫도 너무 크다. 그런데 실상 우리나라를 불평등이 가장 심한 국가로 만드는 주범은 따로 있다. 바로 2-10%를 점하는 9%의 집단이다.

상위 1% 집단이 전체 소득의 13%를 가져가고, 그 다음 9% 집단이 35%를 가져간다. 이 상위 10% 집단은 상위 1% 집단과 질적으로 다르게 구성되어 있다. 이들 대부분이 재벌 대기업과 공기업의 정규직들이거나 공무원들이다. 이들이 속한 시장을 상층 노동시장이라 부른다. 이들은 하위 90%가 속한 하층 노동시장과 질적인 차별성을 지닌다.

하층시장은 임금도 낮고, 복지 등 근무조건도 열악한 반면, 상층시장은 높은 임금은 물론 정년보장의 혜택을 즐긴다. 이뿐만이 아니다. 퇴직 후에도 이들은 두둑한 연금혜택을 누릴 수 있다. 혹자는 한국 노동시장의 문제가 악화된 일차적 원인을 신자유주의에서 찾는다. 설혹 이러한 분석이 타당하다 할지라도 이는 하층 노동시장에만 적용되는 말이다. 극심한 경쟁, 이로부터 직결되는 낮은 임금과 낮은 고용안정성은 모두 하층 시장에만 적용되고 있고, 열악한 사회안전망도 마찬가지이다.

상층 노동시장에서 근무하는 상위 10%의 임금수준은 여타 선진국에 비해서도 결코 뒤지지 않는다. 평균적으로 보았을 때 경쟁관계에 있는 선진국보다도 오히려 높은 편이다. 선진국에서는 그 사례를 찾기 힘들 정도로 고용도 안정되어 있다. 복지 혜택도 마찬가지이다. 문제는 상층과 하층으로 구획지워진 이중적 노동시장이 이들 간 불평등의 문제로 끝나지 않는다는 점이다.

이중적 노동시장이 전체 경제에 미치는 영향을 살펴보자. 다시 상층 노동시장의 핵심적 플레이어인 우파기득권과 귀족노조의 문제로부터 출발해 보자. 상층 노동시장은 고소득에 고용안정성을 누리고 있다. 임금도 높지만 해고도 쉽지 않다는 사실이 문제를 악화시킨다. 당신이 이러한 근로조건을 가진 노동자들을 고용

●한국의 소득 불평등

한 재벌 대기업의 경영자라 가정해 보자. 고임금과 해고가 어렵다 하더라도 기업의 상황이 전체적으로 양호하다면 크게 문제가 되지 않을 수도 있다. 우리 경제가 급속히 성장하던 70-80년대가 그러했다. 우리나라의 재벌 대기업은 대부분 세계시장에서 경쟁한다. 국경을 뛰어넘어 극심한 기업 간 경쟁 상황에 직면해 있는데 1990년대 들어 이들이 경쟁하는 세계시장의 환경이 급변하고 있다.

가장 중요하게는 중국과 인도의 급부상이다. 이 두 나라는 값싼 노동력을 무기로 세계의 공장으로 성장했다. 기업 간 경쟁은 극에 달했다. 값싼 노동력을 무기로 급부상하는 중국과의 경쟁을 이겨내기 위해 뼈를 깎는 구조조정이 요구되었다. 우리 재벌 대기업은 이를 다른 방식으로 피해갔다. 즉 재벌 대기업 자체의 구조조정 없이 이 도전을 우회하였다.

가장 중요한 무기는 아웃소싱이었다. 즉 자기 회사 직원들에게 피해가 가는 것을 최소화하고 이를 자신들의 하청업체로 내려보낸 것이다. 대표적인 방식이 하청단가의 인하이다. 또한 본사 직원을 직접 채용하지 않고 하청업체를 늘리거나 줄이는 것으로 경기 변동에 대응했다. 그 결과는 본사 정규직 채용을 줄이는 것으로 나타났다.

아웃소싱의 또 다른 모습은 해외 이전이다. 생산공장을 국내에 두지 않고 이를 해외로 옮기는 것이다, 물론 해외로의 이전에는 여러 가지 요인이 얽혀 있지만 그 중에는 상대적으로 높은 국내의 인건비 비중을 줄이겠다는 목적도 무시할 수 없다. 현대자동차의 경우 1995년 광주의 기아차 공장 이후 해외에만 15개 현지 공장이 설립되었다. 이 기간 국내 공장은 한 곳도 신설되지 않았다.

공장의 해외 이전에 노조가 흔쾌히 동의한 것은 아니지만 사실 이는 그들의 관심사항이 아니었다. 현대차 노조의 유일한 관심사는 이미 고용된 자신들의 고임금과 정년보장이었다.(이에 대한 자세한 논의는 박태주 박사의 《현대자동차에는 한국노사관계가 있다》는 책을 읽어보시기 바란다.) 이러한 노사 간의 야합은 양질의 일자리 감소로 나타난다. 자신들의 생산성을 넘는 고임금과 정년보장은 그대로 기업의 부담이 된다. 그 부담은 국제경쟁력 악화로 나타날 수밖에 없다.

회사는 이를 국내에서는 하청으로, 외부적으로는 해외로 생산기지를 옮기는 방식으로 대응한다. 그 결과는 양질의 일자리 감소로 나타난다. 위 기아차 광주공장의 사례에서 드러나듯이 원래는 현대차 본사의 정규직 고용, 즉 정규직의 신규채용으로 늘어날 일자리가 하청업체의 정규직이거나 비정규직, 또는 사내하청 고용으로 이어진 것이다.

이러한 경향은 현대차에만 국한된 것이 아니다. 우리나라를 대표하는 삼성전자도 마찬가지이다. 이 기간 동안 삼성전자의 기업실적은 나쁘지 않았다. 그럼에도 불구하고 삼성전자는 신규채용을 늘리지 않았다. 기업의 입장에서는 고임금도 문제지만, 한 번 고용하면 정년을 보장해야 하는 현재의 고용시스템에 대한 불안감이 있다.

● 한국의 소득 불평등

당신이 직원 열 명이 필요한 치킨집을 차린다고 가정해 보면 쉽게 이해가 될 것이다. 직원 열 명을 채용해야 하는데, 정규직으로 고용하면 정년을 보장해야 하는데, 지금 잘 나간다고 해서 정규직으로 고용해 이후 상황이 나빠져도 해고할 수 없는 상황이라면 어떻게 하겠는가? 아마도 필요한 열 명의 인력에 대한 정규직 채용을 피할 다른 방법을 찾을 것이다. 첫 번째 대안은 직접 고용하는 것이 아니라 외부 용영업체에 이를 대행케 하는 방안이다. 예를 들어 배달을 외부 배달전문업체에 맡긴다든가 하는 방식으로 아웃소싱을 할 것이다. 아웃소싱을 할 수 없는 상황이라면 정년을 보장해야 하는 정규직이 아니라 계약직이나 비정규직으로 채용하려 할 것이다. 이것이 두 번째 대안이다.

이 두 가지 대안이 우리나라 재벌 대기업이 실제로 활용한 방식이다. 기존의 정규직 일자리가 지속적으로 비정규직과 계약직 일자리로 대체되어 왔다. 다른 한편에서는 본사 직원이 아닌 하청업체 직원들의 일자리로 바뀌어 왔다. 그 결과가 양질의 일자리 감소와 극심한 청년 실업난이다. 모든 문제에는 원인이 있다. 세계 11위 경제대국 대한민국이 개미지옥으로 바뀐 가장 중요한 원인이 여기에 있다.

이중적 노동시장이라는 한국 노동시장의 고질적 병폐가, 구체적으로는 상층 노동시장의 고임금과 지나친 고용안정성이 하층 노동시장의 급성장과 근무조건 악화의 직·간접적인 원인으로 작용하였다. 그 결과 하층노동시장의 경쟁만 가열되고, 극심한 저임금과 근무조건의 악화로 이어졌다. 반면 상층노동자들은 경쟁의 무풍지대에서 자신들만의 특권을 향유하게 된다. 이 악순환의 수레바퀴가 완성된 것이고, 이의 최종 결과는 극심한 청년 실업이다.

청년취업 문제를 악화시킨 것은 이뿐만이 아니다. 앞서 상층시장의 존재가 기업의 국제경쟁력을 약화시킬 수 있다는 점을 지적하였다. 이렇게 약화된 경쟁력 또한 결국 일자리 소멸로 이어질 수밖에 없다. 이래저래 청년들이 들어갈 일자리가 줄어들게 된 것이고, 다른 한편으로는 기업의 경쟁력이 약해져 온 것이다. 물론 모든 책임을 상층노동자들과 이중적 노동시장의 탓으로만 돌릴 수는 없다.

그러나 이 한 가지는 분명하다. 이중적 노동시장을 이대로 두는 한 한국기업의 국제경쟁력은 약해질 수밖에 없고 지금 청년들의 일자리, 자라나는 미래세대의 일자리는 계속 줄어들 수밖에 없다는 것이다. 수적으로도 그러하지만 질적으로도 악화될 수밖에 없다. 재벌 대기업의 투자 기피와 채용 감소는 앞으로도 계속될 것이고, 일자리의 숫자가 줄어들수록 경쟁은 치열해질 것이고, 우리 청년들과 미래세대가 개미지옥을 탈출할 가능성은 갈수록 줄어들 수밖에 없다.

이중적 노동시장을 이대로 두고는 한국경제의 위기와 청년실업 문제를 극복할 수 없다. 이중적 노동시장은 우리 모두를 파멸로 몰아가는 블랙홀 같은 것이다. 이 점을 명확하게 인식하고 대책을 마련하지 않는다면 우리 모두 공멸의 늪에 빠질 수밖에 없다.

● 한국의 소득 불평등

●

상층 노동시장의 고임금과

지나친 고용안정성이 하층 노동시장의 급성장과

근무조건 악화의 직·간접적인 원인으로 작용하였다.

그 결과 하층 노동시장의 경쟁만 가열되고,

극심한 저임금과 근무조건의 악화로 이어졌다.

반면 상층노동자들은 경쟁의 무풍지대에서

자신들만의 특권을 향유하게 된다.

이 악순환의 수레바퀴가 완성된 것이고,

이의 최종 결과는 극심한 청년 실업이다.

4.

상향 평준화가
해법?

이중적 노동시장을 이대로 두고는 우리 경제가 앞으로 나아
갈 수 없다는 점은 자명하다. 즉 상층시장과 하층시장의 극단적 차
별을 그대로 두고는 우리 경제는 국제경쟁력을 회복할 수 없을 뿐
만 아니라 청년실업 문제도 나아질 가능성은 없다. 기업들은 일자
리를 줄이거나, 기업 상황이 호전되어 일자리를 늘리더라도 본사
의 정규직 일자리가 아니라 하청업체를 늘리거나 근무조건이 열
악한 비정규직 일자리 확대로 대응할 것이다.

한국 경제 위기의 근원이 이중적 노동시장의 존재이고, 두 시
장 간의 극단적 차별을 시정하지 않는다면 미래가 없다는 점에는
적지 않은 사람들이 동의한다. 그런데 이의 해법에 대해서는 두 가
지 의견이 대립한다. 상향 평준화와 중향 평준화가 그것이다.

먼저 새정치민주연합과 민주노총 등 진보진영에서 주장하는

● 한국의 소득 불평등

상향 평준화에 대해서 살펴보자. 상층과 하층시장의 차별이 문제라면 하층시장을 끌어 올려 상층노동자들처럼 대우해 주면 문제가 해결된다는 것이다. 문제는 돈이다. 하층노동자들의 임금과 처우를 개선해 주기 위해서는 돈이 필요하고, 이를 누군가는 내야 한다. 민주노총 조합원 등 상위 10%에 속한 사람들이 자신들이 그 돈을 내겠다는 얘기는 아니다. 그들은 자신들보다 더 잘 사는 사람들 즉, 상위 1%에 속하는 사람들의 양보를 요구한다.

'재벌 대기업이 양보해라'. 고소득자들이 양보해야 한다는 것은 진보진영과 민주노총 등 노동계에서 항상 하는 주장이다. 재벌 등 상위 1%가 너무 많은 몫을 가져가서 우리나라 소득 불평등이 심화됐다는 것이다. 노동개혁에 대한 대부분의 반론은 1%의 재벌을 탓해야지, 왜 9%의 민주노총을 뭐라 하냐는 것이다. 이어지는 주장은 다른 사람들도 민주노총처럼 가져가도록 해야지, 왜 민주노총을 끌어내려 하향 평준화 하려고 하냐는 것이다.

상향 평준화를 할 수 있다면 가장 좋겠지만 이것은 현실적으로 불가능하다. 왜 불가능한지를 따져보자. 편의상 소득상위 1%를 재벌이라 하고 상위 10%를 민주노총 소속 상층 노동자라 하자. 다시 상위 1%와 10%의 소득점유율 그래프로 돌아가 보자. 1%의 재벌이 전체 소득의 13%를 가져간다. 그 다음 9%인 민주노총이 35%를 가져간다. 여기까지만 해도 이미 전체 소득의 48%가 주인을 찾아갔다. 상향 평준화 주장이 의미하는 것처럼, 상위 10%

의 그 다음 계층도 위의 2-10%에 속한 사람들처럼 가져가도록 해보자. 상위 10%의 바로 다음인 상위 11-19%까지의 그 다음 9%가 35%를 가져가도록 한다고 가정해 보자. 상위 10%가 48%를 이미 가져갔고, 그 다음 9%가 35%를 가져가면 여기까지만 해도 벌써 83%가 사라진다.

이제 남은 것은 16%. 아직 남아있는 사람들은 전체의 81%. 세 번째 9%의 절반인 5%가 민주노총처럼 가져가면 여기서 끝이다. 상위 10%, 그 다음 9%, 그 다음 5%가 민주노총처럼 가져간다면, 즉 소득 상위 24%에서 우리나라 가계와 개인이 가져가는 총소득은 모두 동이 난다. 민주노총이 주장하듯 상향 평준화를 하면 우리나라 성인 인구의 24%가 상위 10%처럼 살 수 있다. 문제는 남은 76%는 한 푼도 가져갈 게 없다는 점이다.

위에서 든 사례는 일종의 극단적인 가정이다. 그러나 동시에 이러한 상향 평준화 방식이 지닌 한계를 분명하게 보여주기도 한다. 하위 90%에 속하는 계층 중 일정 부분을 상위 2-10%를 점하는 재벌 대기업과 공기업 정규직들처럼 대우해 줄 수는 있다. 그러나 그럴수록 여기에 속하지 못한 남은 사람들의 고통은 더욱 커질 수밖에 없는 것이다.

상향 평준화 논리와 일란성 쌍둥이 같은 논리가 하나 더 있다. "가진 것 없는 노동자들끼리 싸우지 말고, 재벌들이 가진 것들을 나누어 쓰자고!" 소득 불평등 문제가 나오면 항상 나오는 주장이다. 그렇다면 그렇게 한 번 해보자. 상위 1%가 모두 재벌은 아니지만(일단 그렇다고 치고) 이 1%가 소득으로 가져가는 것을 모두 몰수해 온다고 가정해 보자. 그러면 13%의 여유분이 생긴다.

민주노총 9%가 전체 소득의 35%를 가져가므로, 이 13%로는 대략 민주노총 3%의 배를 채워주면 끝이다. 상위 1%가 가져가는 가계와 개인 소득을 한 푼도 남김없이 모두 몰수하여 우리끼리 나누어 먹는다 해도, 민주노총 방식으로는 27%가 먹고 나면 끝이다. 그럼 나머지 73%는 뭘 먹고 살라고? 결국 상위 1%가 가진 것을 나누어 먹는다 해도 민주노총이 주장하는 상향 평준화 방식으로는 하위 73%의 삶은 전혀 나아지지 않는다. 결국 상위 1%만 탓한다고 문제가 풀리지 않는다는 점을 재삼 확인할 뿐이다.

재벌과 민주노총까지 포함하는 상위 10%의 문제로 돌아가 보자. 이들을 합치면 전체 소득의 48%, 거의 절반이다. 이를 소득 불평등 해소에 쓴다면 얘기는 달라진다. 지금 당장 그렇게 하자는 말이 아니니까 안심하시라. 현실이 그렇다는 말이다. 그래서 우리 사회의 극심한 소득 불평등 문제를 해결하기 위해 상위 1%만 족치면 된다는 주장은 실효성이 떨어진다는 말을 하고자 함이다.

소득 불평등을 완화시키기 위해서 자신의 몫을 양보해야 하는 상위 10% 사람들이 상위 1% 탓만 하면서, "나는 여전히 배고프다"만 외쳐대면 답이 안나온다는 말이다.

5.

자영업자들은
어떠한가

우리나라 노동자의 소득이 어떠한가, 특히 대기업 노동자와 중소기업 노동자의 소득과 근무조건의 차이가 어떠한가를 한눈에 알기는 쉽지 않다. 여러 가지 이유가 있겠지만 이와 관련된 데이터들이 여기저기 흩어져 있고, 데이터 수집과 정리하는 방법도 기관마다 달라 이런 어려움은 더욱 커진다. 자영업자에 대해서는 그 어려움이 더 크다.

그나마 흩어진 자료들을 한군데 모아서 종합적으로 제시하는 자료가 한국노동연구원이 해마다 발간하는 《KLI 노동통계》이다. 2015년에 발간된 《2015 KLI 노동통계》에 따르면, 2014년 현재 15세 이상 인구는 4천251만3천 명, 경제활동인구는 이의 62%인 2천643만3천 명이다. 이 중 83만4천명이 실업자로 분류되고, 2천559만9천 명이 취업자이다.

또한 2014년 피용자 보수, 즉 임금근로자들이 노동의 대가로 받은 임금 총액은 663조1천770억 원이다. 자영업자들의 소득은 개인영업잉여 항에 나타나는데, 119조9천860억 원이다. 같은 해인 2014년도의 임금근로자 총 수는 1천874만2천 명, 자영업자와 무급가족봉사자를 합친 비임금근로자는 685만7천 명이다.

이를 통해 임금근로자의 평균소득과 비임금근로자의 평균소득을 추정할 수 있다. 임금근로자는 3천538만 원, 비임금근로자는 1천750만 원 정도이다. 임금근로자가 비임금근로자, 즉 자영업자와 무급가족종사자들보다 평균적으로 두 배 이상을 벌고 있는 것이다. 무급가족종사자들까지 둘이 벌어서 그렇다고 오해할 소지가 있는데, 실상 685만여 명의 비임금근로자 중 82%인 565만여 명이 자영업자이고, 18%인 120만여 명만이 무급가족종사자다.

자영업자들이 임금근로자들에 비해 절반 정도의 소득 밖에 벌지 못하고 있다는 사실 자체도 충격적이지만, 이 둘 간의 격차가 벌어지는 속도도 너무 빠르다는 게 더 심각하다. 김대호 사회디자인연구소장의 저서 《2013년 이후》에 따르면, 2010년 임금근로자의 평균 소득은 3천100만 원, 비임금근로자는 1천700만 원으로 1.82배였다. 2000년에는 1.58배였다. 2000년의 1.58배에서 2014년 2배로, 지난 15년 사이에 이 차이가 급격히 확대되고 있음을 알 수 있다.

5년 전인 2010년의 1.82배에 대비해 보아도 이 임금근로자와 비임금근로자의 임금격차 확대 현상이 멈추지 않고 있을 뿐만 아니라, 이 원인이 비임금근로자들의 1인당 소득이 정체되다시피 한 사실에 기인함을 알 수 있다. 임금근로자들의 경우 2010년 3천100만 원에서 2014년 3천538만 원으로, 금액으로는 438만원, 5년 동안 14% 상승한 반면, 비임금근로자들은 5년 전의 1천700만 원에서 1천750만 원으로 불과 50만 원 오른 데 그쳐, 5년 동안 3% 남짓밖에 오르지 않았다.

565만여 명의 자영업자와 120만 명의 가족종사자들이 평균적으로 한 해에 1천750만 원을 벌어간다면, 월 수입은 145만원 남짓이다. 자영업자들 중에서도 고소득을 올리는 의사와 변호사와 같은 전문직 종사자들이 포함되어 있음을 감안하면 이들을 제외한 평균적인 자영업자들의 월 소득이 100만 원 남짓이라는 언론보도가 과장이 아님은 분명하다. 우리 주위에서 쉽게 볼 수 있는 편의점, 치킨집, 중국집 등이 이에 속하는데, 가장인 남편이 자영업자로, 부인이 무급가족종사자로 함께 일한다면 그나마 합쳐서 200만 원 남짓을 가져갈 수 있을 것이다. 그러나 이런 경우도 다섯 집에 한집 꼴에 불과한 실정이다.

이는 자영업자가 가장인 대한민국 가구의 평균적인 모습이다. 언론 보도에 따르면 도시 4인 가구 평균 수입이 4천만 원 남짓이라 한다. 이를 임금근로자가 가장인 집안과 자영업자가 가장인 집으로 나누어서 보아야 한다. 가장이 자영업자인 경우 임금근로자 집안보다 가장의 수입 측면에서만 일 년 평균 대략 1천8백만 원, 한 달 평균 150만 원 정도의 수입이 적음을 알 수 있다.

2014년 기준 전체 취업자를 2천560만 명으로 잡으면, 이의 37%, 즉 세 명 중 한 명이 자영업자이거나 무급가족종사자인 것이다. 전체 취업자의 세 명 중 한 명이 임금근로자의 절반의 수입, 즉 한 달 평균 145만 원을 벌어간다는 의미이고, 일부 고소득자를 제외한 보통의 자영업자들은 한 달 평균 100만 원을 가져가기도 힘든 상황이라는 의미이다. 우리 주위에 한 달에 100만 원도 가져가기 힘들다는 자영업자들이 넘쳐나는 이유이다.

　　앞서 임금근로자들 중 하위 소득자들도 마찬가지로 100만 원도 벌기 쉽지 않다는 사실을 지적하였다. 100만 원도 벌어가지 못하는 자영업자와 한 달 내내 아르바이트 하고도 100만 원도 벌어가지 못하다는 88만원 세대는 우리 사회의 예외적인 사례가 아니라 지극히 일반적이고 광범위한 현상이다.

6.

공무원의 월급은
적정한가

공무원들의 월급이 적정한가를 논의하기 위해 먼저 우리나라 임금근로자들의 사업체 규모별 종사자 비중을 살펴볼 필요가 있다. 고용노동부에서 발표하는 자료에 따르면, 2013년 현재 총 1천 917만3천 명 정도가 임금근로자로 파악된다.

이 중 28%가 5인 미만 사업장에 근무하는 것으로 나타났다. 5-9인 12.7%로, 10인 미만 소규모 사업장에 근무하는 경우가 전체 종사자의 40%를 넘고 있다. 1천 명 이상의 대규모 사업장에 근무하는 경우가 6.6%, 500-999인은 3.8%, 300-499인은 3.6%, 100-299인은 10.9%로 나타났다. 100인 이상 사업장에 근무하는 종사자들을 모두 합쳐도 24.9%로 네 명 중 한 명에 지나지 않는다. 즉 10인 미만의 소규모 사업장에 40.7%, 그 반대쪽인 100인 이상 사업장에 24.9%가 근무하고 있고, 34.4%가 10인 이상 100인 미만의 중소규모 사업장에 근무하는 것이다.

　여기서 주목할 점은 우리나라 공무원들의 월급 책정 기준에 관한 것이다. 공무원 월급은 이 24.9%가 근무하는 100인 이상 사업장 평균 임금의 84.7%로 책정되어 있다. 전체 종사자 1천917만 3천 명의 24.9%면 대략 480만 명 정도가 된다. 이들이 480만 명이면 앞의 김낙년 교수가 3천8만 명을 기준으로 삼은 20세 이상 성인 인구의 13% 정도가 된다. 이들이 대한민국 소득 상위 10%의 절대다수인 9% 정도를 점하고 있고, 이들 중 연차가 적거나 연봉이 낮은 일부가 이 상위 10% 이하, 그 다음부터 상위 15% 또는 20%까지를 점하고 있는 것이다.

　소득 상위 10% 중 최상위 1%를 제외한 2-10%에 속한 상위 9%의 대부분은 재벌 대기업과 공기업 정규직들, 그리고 공무원들이 점하고 있다. 이들이 많은 월급을 받아간다는 사실 자체를 뭐라고 할 수는 없다. 문제는 그들이 하고 있는 일에 대한 정당한 대가인가가 논란이 될 수 있는데, 이 또한 쉽지 않은 논쟁이다. 자본주의 시장경제에서 어느 정도가 합당한 대가인가를 규정하기가 쉽지 않다.

　그래도 정당한 대가 여부에 대한 준거는 있다. 수요와 공급에 의해서 결정되는 시장가격이 그것이다. 문제는 이중적 시장구조 하에서는 이 수요와 공급에 의한 가격 결정시스템이 왜곡된다는 것이다. 즉 노동자의 시장가격인 임금이 그의 노동생산성 또는 수요와 공급에 의해서 결정되지 않고, 경제 외적인 다른 요인들에 의해 결정된다는 문제가 발생한다.

대표적인 것이 노조의 존재 유무와 교섭력이다. 상층시장에는 일반적으로 교섭력이 강한 노조가 존재한다. 또한 이들을 고용한 기업이나 정부에서 이들의 요구를 들어줄 여지가 충분히 있다. 반면 하층 노동시장에는 노조 자체가 없거나 설령 노조가 있다 하더라도 이들의 요구를 사측이 들어줄 여력이 없다는 점이 큰 차이이다.

재벌 대기업의 민간영역보다 문제가 더 심각한 것은 공기업과 공무원이다. 그나마 유사한 업무에 종사하는 민간기업과의 비교라도 가능한 공기업과는 달리, 특히 공무원들의 임금과 처우는 시장가격과 무관하게 결정된다. 단순화시키면 이들을 고용한 정부가 공무원 월급을 결정하면 그만인 셈이다. 문제는 이 정부의 결정이 공무원들이 하는 일에 비해 합당한가에 달려 있다.

공무원들은 하는 일에 비해 합당한 임금을 받고 있는가는 논의의 대상이 되는 공무원이 어느 직종에 종사하고, 그 직급이 무엇이냐에 따라 달라질 것이다. 예를 들어 소방공무원은 하는 일에 비해 처우가 좋지 않다고 생각할 가능성이 높다. 일부 경찰공무원과 군인들도 이런 평가를 받을 수도 있다. 반면 맡은 업무가 힘들거나 열심히 하는 것 같지 않아 보이는 일반행정직 고위공무원들에 대한 평가는 다를 수도 있다.

이러한 연유로 공무원 봉급의 적정성 여부에 대한 논쟁은 국가 간 비교에 의존하곤 한다. 다른 나라의 공무원에 비해 우리나라 공무원들은 어떤 대우를 받고 있는가와 관련하여 가장 자주 인용되는 자료가 〈OECD 교육지표〉이다. OECD에서 34개 회원국 등에서 취합한 교육관련 통계자료를 매년 취합하여 〈Education at a Glance OECD Indicators〉라는 제목으로 발간하는데, 이것을 교육부와 한국교육개발원에서 우리말로 번역하여 발간하는 자료이다.

한국의 공무원들이 받는 월급은 다른 나라들과 비교하면 어느 정도 수준인가에 대한 OECD 지표 중 '고등교육을 받은 전일제 상용근로자 대비 교사 급여' 항이 이와 관련하여 신뢰할 만한 기준을 제공한다. 일단 교사들의 구체적인 근무여건과 처우는 나라마다 다르겠지만, 그들이 하는 일과 방식은 국제 간 비교가 가능할 정도로 가장 유사한 직종 중의 하나이다. 또한 대부분의 국가들에서 교사들의 월급은 다른 공무원들과 연계되어 있다. 즉 교사 월급이 높은 나라는 공무원 월급도 높고, 교사 월급이 낮은 국가는 공무원들도 그러할 가능성이 매우 높다는 것이다. 이런 연유로 교사 월급이 공무원들의 임금과 처우에 대한 국제 간 비교에 자주 쓰인다.

'고등교육을 받은 전일제 상용근로자'라 함은 최소한 전문대 이상의 교육을 수료하고 풀타임으로 일하는 근로자를 의미하고, 이들의 평균 임금 대비 교사들의 임금 수준을 비교한다는 것이다. 최근 자료인 2012년 기준으로 보면, 한국의 교사들은 고등교육을 받은 전일제 상용근로자 평균임금의 1.36배를 받고 있다. 이는 15

년차 초·중·고등 교사 모두에게 적용된다. 유아교육 교사는 이보다는 약간 낮은 1.32배를 받는 것으로 조사되었다.

다른 나라들도 우리처럼 교사들이 다른 근로자들보다 더 많은 월급을 받고 있을까? 일부 그런 국가들도 있지만, 대부분의 나라들은 그렇지 않다. 일단 OECD 평균은 0.80인데, 이는 고등교육을 받은 전일제 상용근로자들이 그 나라에서 받는 월급의 80%가 교사들의 월급 수준이라는 의미이다. 우리나라가 1.36으로 가장 높고, 그 다음이 1.23의 포르투갈, 1.20의 스페인, 1.11의 룩셈부르크, 1.09의 터키, 1.05의 캐나다 등 34개 회원국 중 우리를 포함하여 여섯 개 국가에서만 교사들의 월급이 전일제 근로자 평균보다 높게 나타났다.

OECD 평균이 0.80이라는 의미는 그 나라 상용근로자들 평균이 1천만 원이라면 이의 80%, 즉 800만 원 정도가 교사 월급이라는 것이고, 우리의 경우는 1천360만 원 정도를 받는다는 의미이다. OECD 평균에 비해서는 우리나라 교사들이 1.7배 정도 더 받고 있는 것을 알 수 있다.

〈OECD 교육지표〉라는 같은 자료의 2007년 지표를 근거로 김대호의 연구도 유사한 사실을 지적하고 있다. 그에 따르면 2007년 기준으로 우리나라의 15년 경력의 국·공립 중학교 교사는 1인당 GDP의 2.2배를 받는다. OECD 평균은 1.23배 수준으로, 이 기준을 적용해도 우리나라 교사들이 다른 국가들 평균에 비해서는 두 배에 약간 못 미치는 높은 임금을 받고 있는 것이다.

각국에서 같은 수준의 고등교육을 받은 전일제 상용근로자들이 받는 월급 수준과 비교하든, 각국의 1인당 GNP와 비교하든, 우리나라 교사들이 OECD 평균에 비해 1.7에서 1.8배 정도의 월급을 더 받고 있는 것이 확인된다.

　　만약 우리나라 교사들의 월급 수준을 OECD 평균 수준으로 낮춘다면 어떤 결과가 발생할까? 현실적으로 가능한 가정은 아니지만, 일단 국가는 같은 돈으로 1.7배 많은 교사들을 고용할 수 있게 된다. 이를 전체 공무원으로 확대 적용하면 어떤 결과가 나올까? 현재 공무원의 전체 규모는 대략 100만 명 선인데, 같은 재정으로 170만 명까지 늘릴 수 있다는 말이다.

만약 우리나라 교사들의 월급 수준을

OECD 평균 수준으로 낮춘다면

어떤 결과가 발생할까?

같은 돈으로 1.7배 많은 교사들을 고용할 수 있게 된다.

이를 전체 공무원으로 확대 적용하면 어떤 결과가 나올까?

현재 공무원의 전체 규모는 대략 100만 명 선인데,

같은 재정으로 170만 명까지

늘릴 수 있다는 말이다.

● 한국의 소득 불평등

우리나라의 복지 수준이 비슷한

경제 수준의 국가들에 비해 낮은 것은 분명하다. 그러나 소득 수준에 대한 논의와 마찬가지로, 전체 평균을 놓고 논의하는 것은 바람직하지 않다. 1인당 GNP 3만 불이라는 전체 평균이 우리나라 보통 사람들의 삶을 제대로 보여주지 못하는 것과 같은 이유이다. 평균만 보면 1인당 3천만 원을 버는 것이 정상이라고 받아들인다. 그런데 실제로는 이 중 절반 정도인 1천500만 원이 개인의 소득으로 돌아가는 몫이다. 이렇게 따져도 4인 가족이면 6천만 원이 가계소득이어야 한다. 그러니 5-6천 만원 버는 사람들은 자신을 평균에 가까운 중간소득자, 중산층이라고 생각한다. 이렇게 생각하는 사람들에게 당신은 대한민국 상위 10%에 속하는 고소득자이므로 세금을 더 내야 한다고 하면 열부터 나게 되어 있다. 이것이 평균의 함정이다.

이렇듯 평균만 가지고 얘기하다 보면 전체적인 그림이 제대로 파악되지 않는다. 특히 평균보다 못한 사람들이 어떻게 살고 있는지가 드러나지 않는다. 역으로 평균 이상으로 잘 사는 사람들도 자신들이 잘 사는 층에 속한다는 사실 자체를 알지 못하게 된다. 이러한 평균의 함정에 빠지지 않기 위해서는 전체 국민의 평균이 아니라 이를 계층별로 나누어서 보아야 한다. 구체적으로 세분하는 것이 불가능하다면 최소한 고소득자, 중간소득자, 저소득자로 분리하여 살펴 보아야 한다.

우리나라는 관련 자료를 등록한 19개 OECD 회원국 중 미국과

1, 2등을 다투는 소득 불평등이 가장 심한 국가이다. 상위 1%의 소득 집중도도 문제지만 그 다음 상위 10%의 소득 집중도 면에서는 타의 추종을 불허한다. 불평등이 심한 국가에서는 특히 평균에만 의존하는 논의는 그 한계가 분명하다. 복지도 마찬가지이다. 우리나라 복지가 계층별로 어떻게 다른가를 살펴보지 않은 채 일반론적으로 말한다면, 한국은 복지가 약한 나라이다. 흔히 각 국가의 국부를 재는 국내총생산, 즉 GDP에 대비해서도 그렇고, 1년 예산에서 복지 지출이 차지하는 비중을 살펴봐도 그러하다. 그런데 모든 국민이 그런 것은 아니다. 어떤 사람들은 복지강국이라는 서유럽 국가들에 비해서도 결코 낮지 않은 복지 혜택을 누리고 있다.

평균의 함정이 야기하는 문제는 여기에 있다. 실제 전체 국민 수준에 비해 자신들의 소득 수준이 낮지도 않고 복지 수준도 어떤 나라에 비교해도 과히 나쁘지 않은 복지 상층자들까지 마치 자신이 누리는 복지혜택이 보잘 것 없다는 착각을 하게 된다. 문제는 실질적인 복지 상층이 소득에서도 상층이고, 그래서 복지를 강화하기 위해 세금을 늘린다면 그 부담을 나누어 짊어져야 할 사람들도 이들이라는 점이다.

자신의 생각이 어떠하든 고소득, 고복지를 누리는 사람들이 한편으로는 자신의 소득이 높다는 사실을 모르고, 다른 한편으로는 자신이 상당히 높은 수준의 복지를 누리고 있다는 사실도 모른다. 그러면서 복지 수준이 낮다는 국민 평균을 들이대며, 사회안전망도 약한데 무슨 양보를 하라는 것이냐고 항변한다.

재벌 대기업 정규직들은 모두 상위 10%에 속한다. 이들 중 현대자동차와 삼성전자 같은 경우는 상위 1-2%에 속한다. 월급은 물론, 소유한 건물의 임대소득, 주식투자와 은행예금 등의 금융소득까지 모두 합하여 구한 총소득을 기준으로 하면 연평균 1억1천600만 원이 상위 1%의 경계선이다. 평균 연봉이 1억 원을 넘는 삼성전자와 현대자동차 정규직들은 상위 1% 또는 상위 2%에 속하는 고소득자들인 것이다.

요즘 같은 치열한 경쟁과 고령화 시대, 여유로운 삶의 기준은 크게 세 가지 정도이다. 첫째는 뭐니 뭐니 해도 소득이다. 한 달에 어느 정도의 소득을 올리느냐가 안정된 삶의 지표로 가장 중요하다. 재벌 대기업과 공기업, 그리고 공무원들이 최고의 직장임이 밝혀졌다. 그 다음으로 이러한 직장을 얼마나 오랫동안 안정적으로 다닐 수 있느냐가 중요한 변수이다. 소득 상위 10%에 속하는 이들은 이 점에서도 타의 추종을 불허한다. 세 번째로는 은퇴 후의 삶이다. 물론 직장에 다닐 당시의 소득이 높다면 그 중 적지 않은 부분을 노후를 위해 남겨 놓을 수 있다. 불행하게도 소득이 높지 않는 사람들은 남는 게 없어서 노후를 대비할 여력이 없다. 그렇다면 결국 남는 것은 연금인데, 보통 사람들은 국민연금으로 살아야 하는데 공무원들은 다르다. 이들에게는 공무원연금이라는 별도의 연금체계가 준비되어 있다.

이 세 가지 기준을 함께 고려해 보면, 한국 사회의 갑 중의 갑은 공무원이다. 요즘 취업준비생의 둘 중 한 명은 공무원 시험을 준비하는 현실은 이러한 상황을 제대로 반영하고 있는 것이다. 공무원들은 자신들은 박봉이라 하지만 앞서 살펴 보았듯이, 20세 이상 성인 인구 3천800만 명을 기준으로 하면 평균적인 공무원들은 소득 상위 10% 안에 들어간다. 1천600만 명의 임금근로자만을 대상으로 하더라도 임금 소득 상위 14%다.

　공무원들의 임금소득도 그렇지만, 이들을 갑 중의 갑으로 만드는 것은 고용안정성과 함께 매우 두둑한 연금 혜택이다. 이러한 공무원들의 노후연금혜택은 타의 추종을 불허한다. 도대체 공무원들은 연금으로 얼마를 받는 걸까?

　다음 장에서 구체적으로 논의하겠지만, 공무원들이 퇴직 후 받을 것으로 예상되는 연금의 규모, 즉 공무원연금 예상 수령액 평균은 매월 295만 원이다. 이를 연봉으로 환산하면 3천540만 원이다. 현재의 공무원 평균 연봉은 5천400만 원이다. 지금 받는 평균 연봉의 65% 정도를 60세 이후 매년 사망할 때까지 연금으로 받는다는 것이다. 현재 국민연금의 소득 대체율은 40%이다. 30년 이상을 꾸준히 국민연금을 부었을 경우 은퇴 이후 받을 수 있는 연금액이 평생 평균 월급의 40% 정도가 된다는 의미이다. 그런데 실제로 이렇게 받는 국민은 거의 없다. 그래서 용돈 연금이라는 말까지 나오는 것이다.

　행여 지금은 295만 원이 많아 보이지만 물가 상승을 감안하면 나중에는 그렇게 큰 돈이 아닐 것이라고 지레 짐작하지 마시라. 국민연금도 마찬가지지만 공무원연금도 매년 물가 상승률을 반영하여 올려주게 되어 있다. 그러니 20년 후라도 지금의 295만 원 가치만큼 오른 금액을 받게 된다.

3장

공무원연금과
복지 불평등

1.

왜
공무원연금이 문제인가?

우리나라에서 공무원연금 개혁 논쟁이 한창일 때, 한때 잘 나가던 유럽의 그리스가 국가부도 사태에 직면하였다. 경제 규모에 비해 과도한 공공부문이 위기의 원인인데, 1년 국가 예산의 45%가 공무원들의 월급으로만 나가는 지경이다. 과도한 공공부문과 이에 야합한 타락한 정치권이 그리스 위기의 주범이었다.

왜 이런 말도 안 되는 상황까지 몰려간 것일까? 그리스 정치인들 눈에는 표만 보였다. 대략 100만 공무원의 표, 직계가족만 해도 200-300만이 넘는 공무원집단의 잘 조직된 표, 이 정도가 되면 어느 정치세력도 무시하지 못한다. 그래서 좌우를 막론하고 모든 정치세력이 공무원 눈치보기에 바빴다. 공무원 표를 노린 선심성 공약이 선거의 핵심쟁점이었고, 그래서 그리스는 지금의 위기에 내몰리게 되었다.

● 복지 불평등과 대안 찾기

대한민국은 어떠한가? 전체 인구 1천100만 명에 공무원이 100만 명인 그리스의 문제를, 인구 5천만 명에 공무원 100만 명에 불과한 우리에게 그대로 적용하는 것은 무리가 있다. 그러나 자신들의 경제적 이해관계만 주장하는 공무원노조의 등장과 이들의 정치세력화, 이에 제대로 대응조차 하지 못하는 무기력하고 무원칙한 여야 정치권을 보면 그리스 사태가 남의 일로만 보이지는 않는다.

그래서 한 번 따져 보기로 하였다. 공무원연금에 대하여, 이들에 대한 정치권의 태도와 대응은 어떠한지에 대해서. 멀리 갈 것도 없이 2014년부터 2015년 초까지 정치권의 핵심쟁점이었던 공무원연금 개혁과정을 되짚어 보면 답이 보인다.

지난(2015년) 9월 22일 〈한국연금학회〉 주최로 국회에서 개최될 예정이던 〈공무원연금 개혁안 발표 토론회〉가 전국공무원노조에 소속된 공무원들의 거친 항의로 무산되었다. "결국 공무원도 노후에 파지나 주우라는 겁니까?" "적금보다 못한 연금 이게 연금이냐?" 이들이 내건 구호이다. 대한민국의 공무원들이 사용하기에는 부적절한 표현이기도 하지만, 매우 명백한 사실 왜곡이다. 대체 공무원 연금이 얼마이기에 이 난리들을 치는 것일까?

역대 최악의 공무원연금 개악안 발표 토론회가 공무원 노동자들의 항의로 무산됐다 …… 이른 아침부터 전국에서 국회로 모여든 성난 노동자들의 야유와 함성으로 시작조차 제대로 하지 못한 채 토론회 무산을 선언해야 했다.

공무원노조의 입장을 대변하여 〈노동자연대〉라는 언론매체가 2015년 10월 29일자로 보도한 내용이다.

여당인 새누리당이 의뢰하여 국회에서 개최한 공청회도 물리력으로 무산시키는 대한민국의 공무원들이다. 그래서 공무원연금 개혁안은 결국 어떻게 되었을까? 국민연금과 마찬가지로 공무원연금도 연금을 받아가는 수령자가 있고, 보험료를 내는 사람들이 있다. 받아가는 연금과 내는 보험료의 총액 차이가 적자보전금이다. 공무원연금은 20년 전인 1993년부터 적자로 돌아섰다. 2001년부터는 이 적자를 국가 재정에서 메워주고 있다.

정부가 부담하는 몫은 이게 다가 아니다. 보험료율이 14%인 경우, 이의 절반인 7%는 공무원이 내고, 나머지 절반은 정부가 대신 부담해 준다. 이를 정부부담 보험료라 한다. 정부부담 보험료, 적자부담금, 퇴직수당 이 세 가지를 합쳐 총재정부담금이라 하는데, 국가재정으로 공무원 연금을 위해 부담해야 하는 비용을 모두 합친 것이다.

여당인 새누리당의 주도로 결국 공무원연금 개혁안이 국회를 통과하였다. 이번 개혁으로 2085년까지 향후 70년간 총재정부담금은 333조 원이 절감된다. 그럼에도 불구하고 앞으로 70년간 국민들의 세금으로 메워야 할 총재정부담금은 1천654조 원이다. 총

재정부담금으로 매년 평균 23조가 넘는 국가재정이 들어간다. 4대강에 소요된 예산은 40-50조이다. 그것도 일회성으로 끝난 것이다. 국가재정에 미치는 영향력 면만 놓고 보면, 향후 70년 동안 평균적으로 매해 20조 원 넘게 들어가는 공무원연금은 이와 비교가 되지 않는다. 정부부담 보험료는 그렇다쳐도, 공무원연금의 수지 적자로 인한 적자 보전금만 연평균 10조5천800억 원에 달한다.

이 돈은 현재 최대 월 20만 원을 주고 있는 기초연금을 당장 월 30만 원으로 올릴 수 있는 액수이다. 1년 소요 예산이 2조6천억 원에 불과한 무상급식은 공무원연금 적자 폭에 비해서는 새발의 피 수준이다.

2.

평균 11억 원의
공무원 연금

도대체 공무원연금이 얼마나 적길래 '공무원도 노후에 폐지라 주으라는 말이냐'라는 구호가 등장하는 것일까. 시중에 판매되는 연금복권 1등에 당첨되면 20년 동안 매달 500만원씩 20년간 당첨금이 지급된다. 그대로 다 받으면 12억 원이다. 당첨자 입장에서는 안타깝지만 실제로는 22%을 세금으로 떼고 준다. 그래서 한 달 수령액이 500만원이 아니라 390만 원, 20년간 받는 실수령액은 9억3천600만 원이다.

얼마나 좋을까? 복권당첨! 극소수 부유층을 제외한 모든 중산층과 서민들의 로망이다. 그런데 쉽지 않다. 연금복권 1등 당첨 확률이 315만 분의 1이란다. 거의 불가능한 당첨 확률이다. 그런데 우리나라의 100만 공무원들은 이 연금복권 1등 당첨금보다 2

● 복지 불평등과 대안 찾기

억 원 더 많은 돈을 공무원연금으로 받는다. 평균적으로 그렇다.

공무원 1인당 평균 연금 수령액은 11억 원이다. 공무원연금은 물론 국민연금 등 공적연금 분야의 문제점과 대책을 연구해 온 김형모가 쓴 《누가 내 국민연금을 죽였나?》에 나오는 내용이다.(이하 공무원연금 관련한 세부적인 내용은 전적으로 이 책에 근거하고 있다. 그 어떤 책보다도 공무원연금은 물론 국민연금 등 여타의 연금에 대해 상세하면서도 일반인 입장에서도 쉽게 이해할 수 있게 잘 정리되어 있다. 일독을 권한다.)

김형모에 따르면, 2014년 8월 기준 33년간 공무원연금에 가입하고 퇴직한 공무원의 연금 수령액은 평균 295만원이다. 현재 연금 수급자는 60세 또는 그 이전 나이부터 연금을 받고 있으며, 현재 만 60세의 기대여명이 85세에 근접한 것을 감안하면 25년간 연금을 수령하게 된다. 물가 변동에 따라 연 2%씩 수령액이 인상된다고 추산하면 현재 295만원 연금수령자가 25년간 받는 연금 액수는 11억3천387만원이다. 연금 수령자가 사망한 후 유족에게 지급되는 유족연금은 제외하고 그러하다는 것이다. 그의 결론이다.

"결론적으로 33년간 근속하고 퇴직한 평균적인 공무원의 연금 수령액은 당첨 확률 315만 분의 1의 행운을 차지한 연금복권 1등 당첨자보다 2억 원의 연금을 더 받는 것이다."

그러나 사실 11억 원도 실제 수령 예상액보다는 적게 잡은 것이다. 첫째, 공무원이 먼저 사망할 경우 그 유족에게 지급되는 유족연금을 빼고 잡은 것이다. 둘째, 위에서는 85세를 기대수명으로 계산하였는데 이는 국민 전체 평균이다. 실제로 공무원들은 일반 국민보다 오래 산다는 통계들이 이미 나와 있다.

공무원이 특별한 존재라 오래 사는 것이 아니고, 안정된 직장에 안정된 노후가 보장되는 직업군들이 오래 산다는 연구결과이다. 공무원만큼 안정된 직장과 노후가 보장되는 직업군이 대한민국 어디에 있는가? 특히 매월 평균 295만 원의 연금은 퇴직 공무원들이 건강을 챙기면서 여유 있게 살기에 충분한 액수이다. 그래서 이들의 평균여명은 일반 국민들보다는 길게 잡는 것이 합리적이다.

국민연금과 마찬가지로 공무원연금도 가입기간은 물론 가입시점, 납부한 보험료 규모 등 다양한 요인에 따라 개인별 편차가 존재하므로 일률적으로 논할 수는 없다. 위의 11억 이상 연금 수령도 '2014년 8월 기준, 33년간 가입하고 퇴직한 공무원의 경우'라는 전제가 붙어야 한다. 조건이 다르면 받는 수령액도 달라진다.

그렇다면 국민연금에 가입한 일반 국민과 공무원연금에 가입한 공무원 간의 연금 수령액은 어느 정도 차이가 날까? 논의의 객관성을 확보하기 위해 김형모가 비교 사례로 든 공무원은 2010년 공무원이 된 신규 공무원이다. 이들이 공무원들 중에서는 가장 나쁜 조건으로 공무원연금을 받는 집단이다. 공무원 사회에서는 이들이 가장 불행한 세대로 평가되는데, 흔히 공무원연금이 '반토막 났다'고 회자되는 세대이다.

국민연금과 공무원연금 가입자를 동일한 조건에 놓고 비교한 김형모의 시뮬레이션 결과는 다음과 같다. 공무원 홍민과 일반국민 소연은 공히 33년 재직기간 동안 동일한 소득(평균 408만원)을 받았고, 만 65세부터 연금을 수령한다고 가정한 후 도출한 결과이다.

① 홍민과 소연은 둘 다 급여생활자이므로 보험료의 1/2은 사용자가 부담한다.

② 공무원 홍민이 납부한 보험료(소득의 7%)는 총 1억1천309만 원, 직장인 소연이 납입한 보험료(소득의 4.5%)는 총 7천270만 원이다.

③ 홍민과 소연이 납부한 보험료의 차이는 4천039만 원이며, 홍민은 소연보다 1.55배 많은 보험료를 납부했다.

④ 공무원이 더 낸다는 것은 맞다. 이 경우는 33년 동안 4천039만 원이다.

그렇다면 받는 연금의 차이는 얼마인가?

33년 납입 후, 65세부터 매달 받는 수령액은 일반 국민인 소연은 99만9천900원, 공무원인 홍민은 264만6천 원이다. 월 수령액수로는 대략 164만 원을 공무원인 홍민이 더 받는다. 이들의 기대수명인 90세까지 생존하고 65세부터 25년간 연금을 받는다고 가정하면, 소연은 대략 3억 원을 수령하고, 홍민은 7억9천380만 원을 수령하여, 총연금수령액 차이는 4억9천380만 원이 된다. 그런데 연금수령액은 매년 물가인상률 등에 연동되어 인상되므로 연 2% 물가상승을 가정한다면, 홍민과 소연의 최종 연금수령액 차이

는 6억3천270만 원이 된다. 홍민이 소연보다 4천039만 원을 보험
료로 더 낸 것은 맞다. 33년 동안 모두 합쳐서 4천만 원 남짓 더
낸 것에 불과한데, 이후 25년 동안 6억3천만 원 이상을 더 받아가
는 것이다.

3.

연금 불평등의
정치적 메커니즘

연금 혜택이 가장 나쁘다는 2010년 신규 공무원들은 일반 국민에 비해 4천만 원을 더 내는 반면, 수령액은 일반 국민에 비해서 6억원 이상 더 받아간다. 이런 연금 혜택의 차이는 전체 공무원 집단과 일반 국민 전체의 연금 혜택으로 봤을 때 더욱 현격한 차이로 나타난다.

2013년 기준 한국의 60세 이상 인구는 874만 명이다. 국민연금, 공무원연금, 사학연금, 군인연금은 물론 기초연금까지 포함한 총 공적연금 지급액은 약 32조 원이었다. 2013년 공무원연금, 사학연금 등 특수직역연금(이하 공무원 등으로 총칭)을 받는 사람들은 총 48만 명이다. 이 시기 국민연금 수령자는 349만 명, 기초연금 수령자는 405만 명이다.

연금 수령자 전체의 5.3%에 불과한 48만 명의 공무원 등이 받는 연금액이 15조원, 국민연금과 기초연금을 받는 나머지 750만 명이 모두 합쳐 받는 돈은 17조1천억 원이다. 전체의 5.3%에 불과한 공무원 등이 전체 연금의 47%를 가져가고, 인구 수로는 절대다수인 94.7%를 점하는, 기타 등등의 공무원이 아닌 모든 국민들이 가져가는 몫은 53%에 불과한 실정이다.

4천만 원 차이가 6억 원 이상의 차이로 벌어지는 극심한 불평등의 원인은 무엇인가? 국민연금과 공무원연금은 설계 시점도 다르고 그 방식도 달랐다. 그러나 두 연금 간 현재의 차이가 설계 당시의 차이 때문에 기인하는 것만은 아니다. 그 점을 인정한다 해도 다른 사후적 요인이 더 크게 작용했다. 두 연금의 극심한 차이가 설계 당시부터 그렇게 되어 있던 것은 아니다. 국민연금이 애초 설계될 당시에 비해 1/7로 혜택이 줄어들었기 때문에 이런 극단적인 차이가 나타나게 된 것이다.

물론 정부가 이유도 없이 국민이 받아갈 혜택을 줄인 것은 아니다. 급격한 출산율 감소와 고령화로 인해 인구 구성이 급변하였고, 고령자는 과거보다 오래 살아서 연금 지급 부담은 급증하는데, 보험료를 낼 젊은층은 급감하면서 큰 폭의 적자를 면할 수 없게 되었다. 그래서 정부가 국민연금의 혜택을 확 줄인 것이다.

급격한 인구 구성의 변화로 인한 대규모 적자에 대응하기 위해 국민연금 혜택은 확 줄였는데, 동일한 조건에 있던 공무원연금은 어떻게 그 혜택을 유지할 수 있었을까? 더군다나 공무원연금은 물론 그 월급도 국민들의 세금에서 나가는데 말이다. 주인의 혜택은 대폭 감소하였는데, 이들에게 고용된 공무원이 상대적으로 잘 버틸 수 있었던 요인은 무엇인가?

사실 공무원연금과 국민연금 간의 극심한 불평등, 특히 그 차이가 갈수록 커지는 것에는 정치적인 이유가 있다. 올해의 공무원연금 개혁과정에서도 나타나듯이, 공무원들은 자신들의 연금이 줄어드는 것에 격렬하게 저항한다. 주인이라는 국민들은 뭐가 바뀌는지도 제대로 모르고 지나갔다. 관리 책임을 맡은 공무원들이 자신들 연금이 줄어드는 것을 좋아할 리 없다. 공무원들을 감시해야 할 정치인들은 무지하거나 공무원들의 눈치를 본다.

"설마 국민을 대표해야 하는 정치인들이 공무원들과 야합했을라고?"

이런 질문하는 사람 꼭 있다. 공무원연금이 시작된 1960년부터 따지면 50여 년, 1988년 출범한 국민연금으로부터도 20여 년의 세월이 흘렀다. 반세기도 더 지난 과거 행적을 모두 살펴볼 수는 없지만 아쉬운 대로, 우리의 기억이 생생한 최근에 발생한 공무원연금 개혁과정을 살펴보자. 도대체 일이 어떻게 돌아가길래 이 지경이 되었을까?

국민연금은 아직도 흑자이다. 엄청난 적립금을 쌓아 놓고 있다. 그럼에도 불구하고 급속한 인구 구성의 변화와 고령화를 감안하여 그 혜택을 과감하게 줄여왔다.(김대중과 노무현 정부에서 발생한 일이다. 그리고 그들은 이 점에서는 당연히 해야 할 일을 한 훌륭한 대통령들이다.) 공무원 연금은 20년 전인 1993년부터 적자로 돌아섰다. 2001년부터는 이 적자를 국가재정으로 채워주고 있다.

2014년부터 시작된 박근혜 정부의 공무원연금 개혁 작업은 이러한 배경에서 시작되었다. 국민연금과의 형평성, 국가 재정에 미치는 부담 등을 감안하면 당연히 해야 할 개혁과제였다. 필요한 개혁과제라고 해서 자기들의 밥그릇이 걸렸는데 가만히 있을 좌파기득권이 아니다. 이해당사자인 전국공무원노조와 전국교직원노동종합, 즉 전공노와 전교조는 격렬하게 저항하기 시작했다.

그들은 그렇다 치고 정치권은 어떻게 대응하였는가? 국민의 편에 서서 국민연금도 그 혜택을 줄였으니까, 공무원연금도 이러한 방향으로 구조조정하여야 한다고 '따끔하게' 가르쳐서 공무원들을 돌려 보냈을까?

전공노와 전교조의 격렬한 반대에 오금이 저린 새정연과 진보진영에서 먼저 공무원연금 개혁에 반대 입장을 천명하고 나선다. 그것도 모자라 공무원노조가 주장하는 엉뚱한 국민연금 개혁안을 야당안이라고 들고 나온다. 공무원연금이 어떻게 돌아가는지도 모르겠고, 무엇을 해야 하는지도 모르겠는 새누리당은 '정치적 대타협'이라는 폼이나 잡아야겠다고 생각했는지, 전공노가 주장하는 국민연금 소득대체율 50% 인상을 여야 합의안으로 받아들였다.

여야 정치인을 포함해 더 한심한 반응은 박원순 서울시장의 입에서 나왔다. 그는 '박봉의 공무원들이 그나마 믿고 의지하는 공

● 복지 불평등과 대안 찾기

무원연금' 운운하면서 공무원연금에 반대한다는 입장을 공개적으로 천명하였다. 일반 국민들 중에도, 심지어는 그 당사자인 공무원 중에도 이러한 박원순 시장의 주장이 맞다고 생각하는 경우가 적지 않다. 즉 공무원들의 월급이 적어서 이를 벌충하기 위해 연금을 많이 주는 것은 별 문제가 없다고 보는 시각들이다. 일반 국민들은 현실을 몰라서 그렇다 해도, 대한민국의 수도 천만 특별시민의 대표인 시장이 신문에도 나오는 최소한의 기초적인 상식을 알고는 있어야 하는 것 아닌가?

경제적 양극화와 좌우기득권 문제가 화두로 부상한 지금, 이와 관련한 논의는 이제 객관적인 데이터와 논리로 접근해야만 한다. '그들도 알고 보면 불쌍한 사람이다'라는 주관적 기준과 감성적 대응으로는 꼬인 매듭을 풀 수가 없다.

2014년 공무원 평균 월급은 447만 원으로 전체 임금근로자 중에서는 상위 13%다. 상위 13%에 속한 공무원을 박봉 운운하며 연금이라도 제대로 주자고 한다면, 연금도 없고 소득도 낮은 하위 50%에 속한 중간계층과 서민들은 어떻게 살라는 것인가.

4.

공무원과
좌파기득권

돈에 꼬리표가 붙어 있는 것도 아닌데 매년 10조 원 이상이 공무원연금 적자 보전금으로 사용되고 있다. 이들 공무원들은 소득수준에서도 상위 13%에 들고, 고용도 안정되어 있으며, 10억에 +알파의 연금 혜택으로 노후도 안정되어 있다. 그 반대편에 공무원 월급의 절반 정도에 불과한 중하층 서민과 88만원 세대가 있다. 막상 국가의 도움이 절실한 사회적 약자들은 이들이다.

제조업 중 중소기업에 다니는 노동자의 평균 월급은 230만 원으로 소득수준으로는 상위 42%이고, 세금 떼기 전의 세전 소득이 200만 원인 월급쟁이가 임금노동자 사다리의 딱 중간인 50%이다. 88만원 세대는 상위 89%!

물론 공무원들보다 소득수준이 높은 집단도 있다. 공기업은 평균적으로 600만 원이 넘어 상위 6%에 속한다. 기관별 편차가 심

●복지 불평등과 대안 찾기

해, 연봉이 1억 원 넘는 금융공기업도 있는 반면, 평균보다 현저히 낮은 곳도 있다. 평균 월급 800만 원인 현대자동차 정규직들은 상위 2%, 830만 원이 넘는 삼성은 상위 1%이다. 이들 대기업과 공공부문 정규직들인 좌파 기득권들이 순서대로 대한민국 상위소득층 자리를 차지하고 있다.

박근혜 정부가 '비정상화의 정상화'를 외치며 공기업 개혁을 주창하던 2014년 봄, 필자는 공기업의 낙하산 감사로 있었다. 민주노총 소속인 노조 집행부를 만나 "청년실업도 심각한데 이제 먹고 살 만한 공기업들도 양보해야 하는 것 아니야?" 물으면 돌아오는 대답은 공무원들의 연금 혜택이었다. "공무원들은 연금 빵빵하게 받으면서 공기업 복지만 탓한다. 우리도 공무원처럼 연금 주면 얼마든지 양보할 수 있다"는 익숙한 반응이었다.

반대로 공무원들에게 공기업 직원들의 입장을 전하면 어떤 반응을 보일까? 이들은 공기업뿐만 아니라 재벌기업 정규직들의 고임금을 들어 자신들을 변호한다. 이 악순환을 어떻게 끊어야 할까?

큰 틀에서 보면 보수진영은 재벌기업 등 한국 사회의 우파기득권을 대변한다. 새정연과 기타의 진보정당 등 진보진영은 좌파기득권을 대변한다. 좌파기득권은 대기업과 공공부문의 조직화된 상층 노동자들이다. 이들은 민주노총, 전국공무원노조, 전국교직원노조 등을 중심으로 조직되어 있다.

공무원 연금 개혁에 직접적 이해당사자인 전공노와 전교조, 그리고 대기업 정규직 노조를 대변하는 민주노총은 한국 좌파기득권의 삼두마차이다. 한국의 우파기득권과 좌파기득권은 자신들의 이해관계가 조금이라도 걸리면 한 치의 양보도 없이 극단적 대결을 피하지 않는다.

결과적으로 비정규직은 늘어만 가고, 청년실업의 벽은 높아만 간다. 좌우기득권의 양보 없는 극단적 대결의 종착지는 빈익빈 부익부, 즉 경제적 양극화이고, 늘어만 가는 88만원 세대이다.

● 복지 불평등과 대안 찾기

4장.

국민연금과
세대간 착취

공무원연금과 일반 국민연금 간의 극심한 불평등과 공정성 문제라면, 국민연금의 가장 큰 문제는 세대 간 불공정성에 있다. 국민연금에 대한 논란은 사실 3장에서 논의한 공무원연금 개혁 과정에서 불거져 나왔다. 앞서 보았듯이 공무원연금과 국민연금 수령액의 차이가 너무 크기 때문이다.

　전국공무원노조 등 공무원단체들은 공무원연금에 대한 부정적인 국민 여론의 저변에 이러한 두 연금액 간의 극심한 차이에 대한 불만이 있다고 판단했다. 그래서 공무원연금 개혁에 대한 논의 과정에서 갑자기 국민연금 개혁방안이 불거져 나왔다. 공무원노조와 새정치민주연합에서 주장하는 국민연금 개혁안의 핵심은 보험 수수료율을 현재의 40%에서 50%로 올리자는 것이었다.

　이것이 아니더라도 국민연금 개혁에 대한 논의가 필요한 시점이기는 하다. 지금 이대로 두더라도 국민연금의 파산 가능성은 높고, 설혹 파산하지 않고 버티더라도 세대 간 착취와 불공정 문제가 너무 심각하기 때문이다. 즉 현행대로 가더라도 곧 연금을 수령할 50대 이상, 더 나아가 현재의 40대까지는 보험료로 낸 돈보다 훨씬 더 많은 연금을 받아가는 혜택을 보게 된다. 그러나 문제는 그 다음 세대에서 발생한다. 40대 이상은 낸 돈보다 훨씬 더 받아가는 혜택을 보지만 그 아래 세대로 갈수록 혜택은커녕 보험료로 낸 돈이라도 제대로 받아 가게 될지 불확실해진다.

기성세대의 입장에서 "우리가 받아갈 것만 받아 가면 되지, 왜 미래세대까지 걱정이야" 할 분들은 많지 않을 것이다. 그 다음 세대가 바로 우리의 아이들이기 때문이다. 더군다나 20대 이하 청년들과 미래세대가 연금을 제대로 받아갈 수 있다는 확신이 들지 않는데도 불구하고, 그들이 저항 없이 보험료를 낸다는 보장도 없다. 이들이 보험료를 내지 않는다면, 이들이 낸 돈으로 연금을 받아야 할 50대 이상 기성세대가 연금을 제대로 받아가는 것도 쉬운 일은 아니다. 그래서 따져보고 대책을 세워야 한다.

1.

국민연금을 둘러싼 쟁점:
소득대체율 인상과 독일 사례

　　새정치민주연합과 진보진영 국민연금 개혁방안의 총괄기획
자는 중앙대학교 사회복지학과 김연명 교수이다. 그는 현재 40%
인 소득대체율을 50%까지 올리자고 주장한다. 지금의 소득대체율
을 그대로 두어도 기금이 고갈되는 2060년에는 국민연금이 파산
할 가능성이 높다. 그러나 그는 파산할 가능성은 전혀 없다는 입
장이다. 새정치민주연합은 김연명 교수의 주장을 그대로 반복하
고 있으므로 김 교수의 주장을 꼼꼼하게 짚어 보는 것이 새정연을
포함하여 국민연금 소득대체율을 올리자는 분들의 입장을 제대로
이해하는 데 필수적이다.

　　이들은 소득대체율을 50%로 올리더라도 국민연금 파산 가능
성이 없다는 입장을 견지하고 있다. 만약 현행대로 한다 해도 연금
이 파산할 가능성이 높다면 소득대체율을 올리자는 주장을 하기

　　　　　　　　　　　　　　　●복지 불평등과 대안 찾기

는 어려울 것이다. 적립금이 고갈되어도 파산할 가능성이 없다면 다행이지만, 이를 뒷받침하는 김 교수의 근거가 너무 취약하다. 그가 내세우는 가장 강력한 근거는 독일의 사례이다.

독일은 적립금이 이미 고갈되었음에도 불구하고 7일치만 적립하고도 잘 돌아 간다는 것이 그의 주장이다. 이를 검증하기 위해서는 반드시 독일의 실제 경험을 되짚어 보아야 한다. 독일 사례를 통해 살펴보아야 하는 가장 중요한 질문은, 첫째는 우리의 국민연금이 파산할 가능성이 없는가, 둘째는 설혹 적립금이 고갈되더라도 국민연금이 제대로 돌아갈 것인가이다.

독일은 김 교수 말대로 잘 돌아가고 있는 것인가? 검증의 핵심은 두 가지이다. 첫째는 독일이 실제로 잘 돌아가고 있는지 여부이다. 둘째는 만약에 그렇다면 김 교수의 주장대로 잘 돌아가고 있는가이다. 결론부터 말하자면, 독일은 김 교수의 주장과는 정반대로 가고 있다. 메르켈 총리부터 국민연금에만 의존하면 안 된다고 개인연금 가입을 권유한다. 소득대체율은 김 교수의 주장과는 정반대로 계속 낮아져서, 지금은 40%대까지 내려갔다. 보험료를 18%나 인상했는데도 그러하다.(조선일보 2015년 12월 5일자, 〈국가가 책임진다던 독일 연금제〉 참조. http://news.chosun.com/site/data/html_dir/2014/12/05/2014120500193.html)

요약하면 독일은 소득대체율을 올리자는 김 교수의 주장과는 정반대로 '더 내고 덜 받는' 방향으로 개혁하고 있다. 이것은 김 교수나 지금의 새정연 주장이 아니라 김대중 정부와 노무현 정부에서 추진한 개혁방향과 일치하는 것이다. 김대중 정부는 당시 70%였던 소득대체율을 60%로 내렸다. 노무현 정부는 이를 다시 40%까지 끌어내렸다. 이렇게 한 이유는 분명하다. 내버려 두면 적립금이 조기에 고갈되어 미래세대에게 모든 부담을 떠넘기게 되는 사태를 방지하기 위해서였다. 당시에도 보험료율도 올려야 한다는 주장이 강했지만, 여론의 반대가 심해 보험료율 인상은 다음 기회로 미루어 둔 것이었다.

기금이 고갈되면 어떻게 될까? 적립금이 없으니 보험금 내는 사람들한테 받은 보험료로 수령자들의 연금을 지급하는 방식 말고는 선택의 여지가 없다. 김 교수는 독일은 이렇게 하는데도 문제가 없이 잘 돌아간다고 주장한다. 아래는 강정수가 슬로우뉴스에서 진행되는 관련 논쟁에 대해 밝힌 입장을 간략하게 요약한 것이다. (슬로우뉴스 팩트체크: 독일 연금에 대한 오해와 진실(http://slownews.kr/?p=41538)

(독일은) 부과방식만으로는 작동할 수 없어 현재는 세금으로 부족한 부분을 메우고 있다. 위키피디아에 따르면, 2010년 약 810억 유로의 세금이 연금지불금 부족분을 채우기 위해 이용되었다. 그렇다고 100% 부과방식이 문제 없이 운영되고 있는 것은 아니다. 부과방식의 지속 가능성이 없기에 이미 (국가의 지원과 감독 아래 운영되는) 사적 연금이 크게, 빠르게 확대되고 있다. 또한 부과방식의 부족분을 채우기 위한 세금 지원에 대한 비판도 높아지고 있다. 점점 증가하는 세금 지원은

● 복지 불평등과 대안 찾기

결국 미래세대의 부담이 계속해서 증가하는 것을 의미하기 때문이다.

그 내면을 살펴봐도 마찬가지이다. 독일이라고 뾰족한 수가 있는 게 아니다. 결국 세금으로 버티고 있다. 그런데 세금은 또 어디서 나오나? 엎어치나 메치나다. 국민에게 연금을 주기 위해 국민에게 세금을 걷어야 한다. 단지 내는 사람과 받는 사람이 다를 뿐이다. 65세 이상 은퇴자들이 받고, 일하는 65세 이하가 낸다.

독일은 김 교수가 주장하는 것과는 정반대로 가고 있다. 독일도 문제가 많지만, 문제는 2060년 이후 한국은 독일보다 상황이 더 심각하다는 데 있다.

2.

임박한 핵폭풍:
인구구성의 변화

　다음의 그래프는 통계청 자료를 근거로 작성된 2060년 한국의 인구 피라미드이다. 인구 피라미드가 그려내는 2060년 한국의 미래는 우울하다. 급속한 출산율 저하와 노령화가 맞물려 있다. 2060년 이후는 생산에 참여하는 한 사람이 노인 인구 한 사람을 부양하는 시대가 온다. 이 고난의 행군은 금방 끝나지 않는다. 이 흐름은 아래 그래프가 보여주는 기간 동안 악화될 뿐 개선될 전망은 보이지 않는다. 그 이후에는 더 적은 인구가 더 많은 인구를 부양해야 한다.

　국민연금은 아래 그래프가 보여주는 미래상과는 전혀 다른 시대에 설계되었다. 생산 인구는 매우 많았고, 노인 인구는 매우 적은 시기에 설계되었다. 국민연금은 세상의 변화를 이겨내고 이후에도 생존 가능할까? 이것이 국민연금과 관련된 핵심 쟁점이다.

● 복지 불평등과 대안 찾기

우리의 경우로 되돌아가 보자. 1988년부터 2015년 2월까지 총 595조 원의 국민연금 기금을 쌓았다. 납입한 보험료가 373조 원, 주식, 채권, 부동산 등에 투자해 얻은 운용 수익금이 221조 원이다. 이 595조 원 중 지금까지 연금으로 지출한 액수는 113조 원이다. 따라서 남은 돈, 즉 적립금은 482조 원이다.(이하에서의 국민연금 관련 논의는 2013년 3월 국민연금재정추계위원회와 보건복지부가 공동 명의로 발표한 〈제3차 국민연금 재정계산 장기재정전망 결과〉 http://www. mw.go.kr/front_new/al/sal0301vw.jsp?PAR_MENU_ID=04&MENU_ID=0403&page=1&CONT_SEQ=284048 에 근거하고 있다.) 이 자료를 발표한 시점인 2013년 3월은 현재의 국민연금 논쟁이 발생하기 이전이며, 보건복지부는 적립금이 고갈되어 국민연금을 지급하지 못하는 사태는 오지 않는다는 입장을 일관되게 유지하고 있다. 5년 전인 2008년에 발표한 내용과 큰 틀에서 동일하다.

보건복지부의 국민연금 추계에 따르면, 국민연금 적립금은 2043년에 최대치에 이르게 된다. 예상치는 2천561조 원이다. 지금부터 2043년까지 28년 동안은 들어오는 돈보다 나가는 돈이 많은 해는 한 해도 없다. 그래서 2043년엔 적립금이 최대치가 된다. 문제는 그 다음부터 발생한다. 2천561조 원에 이르던 적립금이 2060년이 되면 모두 사라질 뿐 아니라 적자로 돌아선다. 2060년의 적립금은 마이너스 280조 원, 즉 적립금이 고갈되는 정도에서 그치는 것이 아니라 280조 원이 펑크나는 것이다. 어떻게 이런 일이 가능할까? 2천조 원을 넘던 적립금이 어떻게 단 17년 사이에 마이너스 280조 원이 될 수 있을까? 이에 대한 답은 국민연금의 수입과 지출 방식에 대한 기본 이해에서 출발한다.

국민연금의 수입과 지출은 1) 적립금, 2) 당해 연도의 보험료 수입과 연금급여의 차이에 의해 결정된다.

2060년 적립금 = 2059년 적립금 + 2060 연금 수지

연금 수지 = 총수입 - 연금지출

총수입 = 보험료수입 + 투자수익

당해 연도 연금수지가 흑자면 적립금 증가, 적자면 적립금 감소

● 복지 불평등과 대안 찾기

당해 연도 총수입이 연금으로 나간 돈(지출)보다 많으면 연금 수지는 흑자가 된다. 역으로 나간 돈이 더 많으면 적자가 된다. 당해 연도 연금 수입이 많으면 당연히 돈이 남아서 적립되므로 적립금은 증가하고, 그 반대면 감소한다. 당해 연도의 총수입은 보험료 수입과 이전 적립금의 수익금, 즉 투자수익의 합계이다.

2043년에 2천561조 원이었던 적립금이 2060년에 마이너스 280조 원이 되는 이유는 그 사이, 즉 2044년부터 2060년까지 17년 동안 연금 수지에서 대규모 적자가 발생하기 때문이다. 적립금 최대를 기록한 2043년의 바로 그 다음 해인 2044년부터 연금수지가 적자로 돌아선다. 연금수입은 283조 원인데, 지출은 285조 원으로 2조7천억 원 정도의 적자를 기록한다. 1988년부터 시작하여 이후 55년 동안 한 번도 발생하지 않던 연금수지 적자가 2044년 처음으로 발생하지만, 다행히 그 적자 폭은 크지는 않다.

문제는 그 다음부터이다. 2044년 2조7천억 원으로 시작한 적자 폭이 기하급수적으로 증가하여 2060년 한 해에만 394조 원의 연금수지 적자가 발생한다. 실로 시작은 미미하지만 끝은 창대하다. 이 한 해 보험료 납입과 투자수익을 합친 총수입은 263조 원인데 반해 연금 급여로 나간 지출은 655조 원에 달하기 때문이다. 사실 2060년부터는 이미 적립급이 고갈되어 투자수익은 0이 되고, 보험료 납입금만이 유일한 수입원이 된다. 즉 보험료로 납부한 돈이 263조 원인데, 이 한 해 연금으로 받아가 돈만 655조 원, 제반 경비를 포함한 총지출은 657조 원에 이어서 한 해에만 394조 원의 적자가 발생하는 것이다.

2060년 이후 10여 년간 인구구성은 크게 달라지지 않는다. 즉
이 적자 패턴이 지속된다는 의미이다. 이를 요약하면 2060년 이후
국민연금의 미래는 다음과 같다.

▶ 대략 한 해 보험료 수입은 200조 원대인데, 지출은 600조 원 규
모이다.
▶ 한 해 대략 400조 원의 적자가 최소한 10년 이상 쌓인다.
▶ 2060년부터 2070년까지 10년 동안 대략 4천조 원의 적자가 쌓
인다.
▶ 2015년 국가 전체 예산이 375조 원이다. 국민연금 적자 폭을 실
감할 수 있다.

2043년 적립금 최대치를 기록한 국민연금이 이후 17년 만에
적립금이 고갈되고도, 한 해 400조 원의 적자가 발생한다. 이런 극
적인 반전의 근본 원인은 우리나라 인구 구성의 특수성에 있다. 해
변의 기암절벽처럼 특정 연령대를 기점으로 인구수가 현격히 줄어
든다. 약간의 등락은 있지만 1995년은 출생아 수가 70만 명을 넘은
마지막 해가 된다. 그로부터 10년이 지나지 않은 2002년부터는 50
만 명을 넘지 못한다. 여기서 멈추지 않고 한국 사회는 2030년 전
후하여 또 한 번의 인구절벽을 겪을 것으로 추정된다.
생산가능 인구(15-64세)는 2016년 3천704만 명(인구의 72.9%)을

정점으로 감소하여, 2060년 2천187만 명(49.7%) 수준으로 예상된다. 65세 이상 고령인구는 2010년 545만 명에 비해, 2060년 3배인 1천762만 명 이상으로 증가한다. 2060년 생산가능 인구 1.25명이 65세 이상 고령인구, 즉 연금수령자 한 명의 연금을 대야 한다.

생산가능인구 대비 부양인구의 비율이 가장 적은 해는 2012년으로 대략 세 명이 한 명을 부양하는 구조이다. 부양의 의무를 지는 청·장년에게는 그나마 지금이 가장 좋은 시절인 셈이다. 2060년으로 근접할수록 봄날은 간다. 2060년은 1995년에 출생해 지금 대학 2학년 정도 되는 청년이 65세가 되어 처음으로 연금을 받을 수 있는 해이다. 이때가 되면 대략 보험료 납부자 한 명이 연금수령자 한 명을 책임져야 하는 구조가 된다.

3.

2060년 이후,
두 가지 시나리오

보험료율 9%(본인부담금 4.5%), 소득대체율 40%라는 현재의 제도대로 하여도 2060년에는 국민연금 적립금이 모두 고갈된다. 적립금이 고갈되어도 아무 문제가 없다는 김연명 교수의 주장은 사실이 아니다. 우리는 다음 두 가지 플랜 중 하나를 선택해야만 한다. 첫 번째 방법은 국민연금제도가 파산하게 내버려 두는 것이다. 이를 플랜 A라고 하자.

플랜 A : 적립금이 고갈되는 2060년부터 국민연금을 파산시키는 것이다. 그동안 낸 보험료의 대가로 연금을 수령하기 시작한 1995년생부터는 그동안 얼마를 보험료로 내었든 한푼도 받을 수 없다. 너무 잔인한 방법이다.

플랜 B : 플랜 A는 너무 잔인하고 공정성이라는 사회 정의와
도 배치된다. 정부와 국민연금공단은 이 플랜 A에 대해 거론
하는 것 자체를 꺼린다. 무슨 일이 있어도 지급할 것처럼 말
한다. 플랜 B는 정부가 어떻게 해서라도 연금을 지급하는 경
우다. 정부는 어디서 이 재원을 조달할 수 있을까?

결국 국민이 내는 세금 밖에 없다. 그런데 문제는 얼마만큼
의 예산이 들어가야 국민연금이 지속될 수 있는가이다. 2060년 한
해 연금 수지 적자만 394조 원이다. 이 394조 원만 세금으로 충당
하면 되는 것인가? 그렇지 않다. 보험료율이 현행 9%가 유지된다
고 가정할 경우, 개인이 4.5%를 부담하고 고용주가 나머지 4.5%
를 부담한다. 고용주가 민간사업자일 경우 그가 이 4.5%를 부담한
다. 그런데 직장에 근무하지 않는 지역연금 가입자들이 있다. 이들
의 경우 고용주가 없기 때문에 정부에서 이를 대신 부담한다. 김연
명 교수는 소위 '강남아줌마'들도 국민연금에 가입한다고 주장한
다. 이때 언급한 강남아줌마가 정부가 고용주 대신 보험료를 내주
어야 하는 지역가입자들이다.

현재 20대들의 경우, 대략 세 명 중 한 명이 실질 실업자로 분
류된다. 청년실업이 유지될 경우 실업자가 지역가입자로 국민연
금에 가입할 수 있다. 이때 이들이 4.5%를 내고 나머지 4.5%는 정
부가 부담한다. 즉 연금 수지 적자 394조 원이 정부가 부담해야 하
는 몫의 전부가 아니라는 것이다. 이 지역연금 가입자의 고용자 부

담분 4.5%도 정부가 부담해야 한다. 그런데 이것이 끝이 아니다.

2043년에 국민연금 적립금이 최대로 예상될 때, 총 수입은 277조 원이다. 이중 156조 원은 당해 년도의 보험료 수입에서 나오고, 120조 원은 기존 적립금의 투자 수익에서 나온다. 이후로는 적립금이 없으니 이로 인한 투자 수익도 사라진다. 394조 원의 적자를 메우기 위해서는 매년 국가 재정에서 이만큼을 써야 한다. 쉽지 않다. 결국 정부가 빚을 내야 한다. 이렇게 정부 부채 증가로 이어질 가능성이 높다. 문제는 정부가 빚을 낼 경우 이에 대한 이자 부담 또한 만만치 않다는 점이다.

2043년까지는 보험료 수입 말고도 이에 버금가는 적립금 투자 수익이 국민연금 재정에 보탬이 되었다. 정부가 빚을 낼 경우는 이와 정반대의 상황이 일어난다. 즉 394조 원의 연금 적자 보존에 그치지 않고, 지역연금 가입자에게 정부가 고용주분으로 내야 할 4.5% 보험료, 그리고 대출에 따른 이자 부담 등이 덧붙여진다. 최소한 한해 500조 원이 국민연금을 유지하는 비용으로 들어가야 한다.

2060년 기금이 고갈된 상황부터는 개인이 부담하는 보험료율을 올리면 재정 부담이 늘어나지 않는다고 주장하는 학자들이 있다. 엎어치나 메치나다. 국민의 세금으로 부담하느냐, 국민이 내는 보험료로 부담하느냐의 차이일 뿐이다. 즉, 정부의 세금이라는 다리를 거쳐서 가느냐, 아니면 월급 통장에서 바로 뽑아가느냐의 차이일 뿐이다.

•복지 불평등과 대안 찾기

그들이 주장하듯 개인 보험료율을 올린다면 그 비율은 대략 25% 정도가 되어야 한다. 2060년에는 보험 납부자 한 명이 연금 수령자 한 명을 담당해야 하기 때문이다.

2060년 소득대체율 50%를 맞추기 위해서는 보험료율도 50%로 올라야 한다. 개인이 25%, 고용주가 25%를 보험료로 내어야 은퇴자 한 명의 소득 대체율 50%를 맞춰줄 수가 있다. 이 경우 개인의 부담도 부담이지만, 지역가입자의 경우 정부가 대신 내주어야 하는 고용주 부담분도 25%로 증가한다. 민간 고용주들은 바보가 아니다. 한 사람을 고용할 경우, 그의 월급뿐만 아니라 이의 1/4에 달하는 고용주 부담분을 내주어야 한다는 것은 그들 입장에서는 25%의 임금 인상과 똑같은 것이다. 민간사업자는 그만큼 신규 고용을 회피하려 할 것이고, 이는 실업수당, 지역연금 가입자의 급증으로 인해 그대로 정부 부담으로 되돌아 올 것이다. 악순환이다.

2060년 연금 적자는 394조 원에 그쳤지만, 실제로는 국민연금에 관련된 정부의 부담이 최소 500조 원에 이를 것이라고 추정하는 이유이다. 문제는 이것이 2060년 한 해에 끝나지 않는다는 데 있다. 최소한 인구 구성이 유사한 향후 7-8년 동안은 이 패턴이 지속된다. 2060년 최초로 연금 수령자가 되는 1995년생부터 이후 출생자가 지속적으로 연금 수령자 대열에 합류한다. 이들 1995년생부터 2002년 출생자 이후에 인구절벽이 또 한 번 등장한다.

2015년 우리나라 1년 예산이 대략 375조 원이다. 45년 후인 2060에는 우리나라 경제가 비약적으로 성장하여 1년에 400-500조

원의 정부 재정 적자는 큰 문제가 되지 않을까? 한국경제는 최근 저성장 단계로 진입하고 있다. 최근 몇 년간 실질 경제성장률은 마이너스 또는 제자리걸음을 하고 있다. 이 저성장 추세가 언제까지 지속될지는 아무도 모르는 상태이다. 지금보다 경제 규모가 커져서 1년 예산도 그에 비례하여 많아진다고 해도 불안하기는 마찬가지이다. 정부 추계에 따르면 2060년 우리나라 국내총생산(GDP)은 2015년에 비해 6.26배로 커진다. 2015년 국가 예산이 375조 원인데 이에 비례하여 2060년의 예산은 2천347조가 된다. 2060년 연금 수지 적자폭만 계산해도 이는 전체 국가예산의 16.7%에 이른다.

2015년 현재 전체 예산은 375조 원이다. 이 중 10%인 37조5천억 원이 국방비 예산이다. 2060년엔 국민연금 수지 적자만 전체 예산의 16%를 넘는다. 이 수지 적자는 이제까지는 한번도 국가예산에 들어온 적이 없는 신규 예산이다. 예산에서 차지하는 비중이 국방비의 1.5배에 달하는 국민연금 적자가 새롭게 예산 항목에 추가되는 것이다.

● 복지 불평등과 대안 찾기

4.

국민연금은 왜
세대 간 착취인가?

　부자에게 걷어서 약자를 지원하는 것이 복지정책이다. 국민연금은 부의 재분배를 위해 탄생하였다. 그럼에도 불구하고 현재의 국민연금은 더 많이 낼수록 혜택이 커지게 되어 있다. 보험료를 더 많이 낸 사람들은 누구인가? 그나마 안정된 직장에 오래 다니고 그 중에서도 소득이 높아서 보험료도 높은 사람들이다.

　국민연금은 자기가 낸 돈과 그 수익금만을 챙겨가는 것이 아니라 현재 보험료를 내고 있는 후세대가 부양하는 구조로 설계되어 있다. 보험료율 4.5%의 금액은 월급에서 나가고, 이후의 연금 수령은 소득대체율 40%에 맞추어 받아간다. 일정 시점까지는 이렇게 주어도 문제가 없다. 직원을 고용한 기업이나 정부가 나머지 4.5%를 내준다. 정해진 비율만큼 내고 정해진 비율만큼 받아가면 된다. 문제는 일정 시점 이후에는 이 시스템이 작동하지 않을 수 있다는 것이다. 보험료는 내라는 대로 다 냈는데, 이미 적립급은 고갈되었고, 후세대가 나의 연금을 내주어야 하는데, 인구구성이 변해서 원래 약속된 금액을 받아가지 못하는 세대가 생기는 것이다.

그래서 국민연금은 빈익빈 부익부의 짝퉁 복지이고, 세대 간 착취가 된다. 낸 만큼 받아가는 것이 아니라 더 낸 사람이 더 받아가는 구조가 된다. 더 받아가는 몫이 자기가 더 내서 받아가는 것이 아니라 정부가 보조해 주고 후세대가 내는 돈을 더 받아 간다. 정부가 내는 몫은 결국 국민의 세금인데, 이 세금이 더 어려운 사람들을 위해 쓰이는 것이 아니라 더 낸 사람, 즉 월급을 더 많이 받았던 사람들에게 돌아가게 설계되어 있는 것이다. 그래서 국민연금은 세대간 착취가 된다. 50대 이상 기성세대는 자기가 낸 보험료보다 훨씬 더 많은 돈을 받아가는데, 후세대는 더 받기는커녕 자기가 낸 돈만큼도 받을 수 있다는 보장이 없다.

국민연금은 국가 예산의 전체 틀을 흔들 정도의 핵폭탄급 정책이다. 문제는 국민전체가 이런 부담을 짊어질 정도의 값어치가 있느냐 하는 것이다. 냉정하게 말하면 국민연금은 복지정책이라고 하기에도 민망하다. 원래적 의미의 복지는 부자에게 세금을 걷어 가난한 사람을 지원하는 사회적 부의 재분배가 그 목적이다. 이러한 맥락에서 보면 국민연금은 제대로 된 복지정책도 아니다. 부자에게 걷어서 가난한 사람에게 주는 것이 아니다. 가장 큰 혜택은 이제까지 꾸준하게 보험금을 낸 사람들이다. 번듯한 직장 생활

● 복지 불평등과 대안 찾기

을 오래한 사람들과 직장생활을 하지는 않았지만, 보험금을 계속 낼 수 있었던 사람들, (김연명 교수의 표현을 빌리면) 강남아줌마들이 가장 큰 수혜자들이다.

가장 큰 피해자는 보험료는 꾸준히 내지만 받을 수 있는지는 장담하지 못하는, 받더라도 자기가 낸 만큼도 받지 못하는 2030세대와 미래세대이다. 급속한 출산율 저하와 고령화는 복지정책의 필요성을 증대시키지만 동시에 이의 실행을 가로막고 있는 장애요인이다. 세금 낼 사람이 급속하게 줄어들기 때문이다.

어려운 시기일수록 기본으로 돌아가야 한다. 무늬만 복지정책이고, 실상은 부의 재분배라는 복지의 기본원칙을 훼손하고, 빈익빈 부익부를 심화시키는 짝퉁 복지정책들은 전반적으로 재검토하여야 한다. 그 대표적인 것이 국민연금과 공무원연금이다.

소득대체율을 현행 40%에서 50%로 올리자는 김연명 교수와 새정연의 주장 뒤에 숨겨진, 그들이 드러내 놓고 말하지 않는 국민연금의 진실은 이것이다.

앞으로 40-50년이나 남은 먼 미래의 일을 미리 앞서서 걱정할 필요까지 있는가라고 반문하는 사람들이 많다. 40-50년은 그렇게 먼 미래가 아니다. 지금도 어제 일처럼 얘기하는 박정희 대통령이 5·6 군사 쿠데타를 일으킨 것이 1961년, 대략 55년 전이다. 45년 남은 2060년은 더 가까운 미래이다.

지금까지의 논의는 정부가 적립금 고갈 시점으로 추산하는

2060년에 폭탄이 터질 것이라고 가정 하에 이루어졌다. 적립금 고갈 시점에 대해 정부는 다른 기관들에 비해 그 시점을 늦춰 잡고 있다. 국회예산정책처는 이 시점을 정부안보다 7년 빠른 2053년으로 잡고 있다.

문제는 또 있다. 2060년이든 2053년이든, 국민연금과 같은 시한폭탄은 원래 예상된 시점보다 앞당겨 터지는 법이다. 그 이유는 간단하다. 당신이 40년 동안 연금을 꾸준히 납입하고 2060년에 처음으로 연금을 수령하게 되는 1995년생이라고 가정해 보자. 국민연금이 2060년에 파산할 것이라고 예측하는 플랜 A로 가든, 아니면 그래도 몇 년간은 정부가 무리해서라도 파산만은 막을 것이라는 플랜 B로 가든, 당신이 1995년 또는 그 이후 출생자라면 이 불확실한 지급 가능성을 믿고 앞으로도 40년 동안 연금을 계속 납입하겠는가? 2060년에 적립금이 고갈된다는 정부의 주장은 이 가능성을 상정하지 않은 것이다. 적립금 고갈 시점은 납부를 거부하는 사람들에 비례하여 계속 앞으로 당겨질 것이다.

그래서 국민연금은 폭탄돌리기 방식으로 작동하는 시한폭탄이다. 자신이 받을 시점에 국민연금이 고갈되지 않는다고 확신하지 못한다면, 즉 자신이 받아야 할 수령 기간 어느 시점에라도 폭발 가능성이 있다고 믿는다면, 보험료 납부자는 납부를 거부할 것이고, 납부 거부가 쓰나미처럼 앞으로, 앞으로 당겨져 밀려올 것이다. 폭탄돌리기처럼 말이다.

5장.

무엇을 어떻게
고쳐야 하는가?

위기다. 빨간 불이 켜진지는 이미 오래다.

한국을 대표하던 몇몇 수출 대기업들만의 문제도 아니다. "한국은행이 53만여 개 기업들의 작년 경영상태를 분석한 결과 제조업 매출 증가율이 1960년 이후 최저치인 -1.6%를 기록했다고 한다. 미국(2.4%), 일본(2.8%)과 비교해도 큰 감소세다. 구조개혁도 제대로 하지 못하고 글로벌화에도 뒤처지고 있는 현실이다. 기업 역동성이 떨어진다는 소리만 갈수록 커지고 있다."

– 〈한국경제〉 2015년 11월 6일자

1.

이중적 노동시장의
해체

　　기업의 국제경쟁력이 떨어지면 당연히 경제 전반이 어려워진
다. 더군다나 위 한국경제의 기사처럼 제조업의 매출 자체가 줄어
든다는 것은 갈수록 일자리가 줄어든다는 것을 의미한다. 경제 자
체가 정상적으로 돌아간다 하더라도 청년들이 원하는 양질의 일자
리는 줄어들게 되어 있다. 이중적 노동시장이 형성된 산업 생태계
에서 어느 기업이 본사 정규직을 늘리겠는가? 같은 일을 하고도 월
급은 더 많이 주어야 하고, 한 번 고용하면 정년까지 해고도 못 시
키는 본사 정규직을 고용할 만큼 무모한 배짱을 가진 기업은 없다.
지금이 어떤 세상인가? 하루가 다르게 신기술로 무장한 경쟁기업
들이 치고 들어온다. 중국과 인도의 급성장도 그렇고, 우리보다 기
술선진국들도 부단한 기술혁신과 구조조정으로 우리의 약한 지점
을 공격하면서 경쟁을 치열하게 만들고 있는 현실이다.

이런 상황에서 정년을 보장해 줘야 하는 정규직 채용을 늘릴 기업은 없다. 당연히 일거리가 있어도 하청업체를 통한 아웃소싱을 통해 해결하려 하고, 일거리가 줄어들면 하청 용역계약을 해지하면 될 일이다. 대기업 계열사의 본사 정규직 대신에 생겨나는 하청과 협력업체들의 근무여건은 열악할 수밖에 없고 경쟁이 치열해질수록 더욱 악화될 것이다. 지금의 이중적 노동시장 체제는 일거리가 늘어도 양질의 일자리는 줄어들 수밖에 없는 구조이다.

이중적 노동시장이 공동체 전체에 미치는 해악은 이에 국한되지 않는다. 공동체를 건강하게 유지·발전시키는 핵심적 가치는 공정성이다. 동일노동 동일임금! 같은 일을 하면 같은 월급을 받아야 한다는 원칙이 이 공공성의 핵심이다. 동일노동에 동일임금은 못 주더라도, 일을 열심히 하지도 않는 사람이 월급은 두 배를 더 받을 뿐만 아니라, 여타 근무조건과 복지혜택은 물론 정년까지 보장되는 혜택을 누리는 반면, 일은 죽어라 하는데도 모든 면에서 불안정하고 열악한 처지에 있는 비정규직들의 입장에서 이중시장의 문제를 되짚어 보아야 한다.

이런 사회는 제대로 돌아갈래야 갈 수가 없다. 일을 열심히 하는 사람이 대우 받고, 일을 하지 않거나 잘 하지 못하는 사람은 그에 비례하여 합당한 대우를 받는 것이 공정한 사회이다. 공정성이 확보된 사회가 경제적으로는 효율적인 사회이다. 열심히 해서 그에 합당한 대우를 받는다면 더 좋은 대우를 받기 위해 더욱 열심

● 복지 불평등과 대안 찾기

히 하게 되고, 그러면서 사회 전체적으로는 효율성 증가라는 선순환 메커니즘이 형성되는 것이다.

우리의 이중시장 문제는 개선되기는커녕 문제가 더욱 악화되어 이제는 사회 전체가 신분제 사회로 되돌아 가는 게 아닌가 하는 우려가 들 정도이다. 재벌 대기업 가문에서 태어난 상위 1% 금수저들은 논외로 하고, 상위 10% 상층 노동자들의 경우만 보아도 그러하다.

민간부분은 이보다 나은 편이지만 질적으로 다르다고 할 수 있는 정도는 아니다. 미국과 같이 기본적으로 계약직 체제인 경우에 고용연장은 물론 월급과 처우도 철저하게 개인의 능력과 성과에 연동되어 바뀌게 된다. 당연히 열심히 해서 성과를 많이 내는 사람이 좋은 대우를 받고 고용계약도 연장되는 성과보상체계가 확립되어 있는 것이다.

이러한 성과에 기반한 보상체계는 애덤 스미스가 주장하는 가장 효율적인 자본주의 이상향에 근접한 것이다. 일을 열심히 한다는 것은 회사나 더 나아가 공동체 전체에 기여하는 몫이 많다는 것을 의미한다. 이들이 제대로 대접받는 사회가 효율적일 뿐만 아니라 공정한 사회이다.

우리의 이중적 노동시장은 어떠한가? 성과에 근거하는 게 아니고 자신의 처지가 정규직이냐, 비정규직이냐에 따라 달라진다. 원청업체인 재벌 대기업의 정규직이냐? 공공부문의 정규직이냐에 따라 또 달라진다. 이 정도면 과거시험에 한 번 붙으면 평생 먹고 살 걱정 없던 조선시대의 신분제 사회와 가깝다.

대기업 입사시험 또는 공무원 시험에 합격만 하면 별 걱정 없이 살 수 있는 현대판 과거 합격자들이 대한민국의 최상층을 점하고 있다. 다들 이렇게 살면 얼마나 좋겠는가? 불행하게도 세상은 밝음이 있으면 어둠이 있기 마련이다. 현대판 과거 합격자들에게는 최상의 체제이지만, 안타깝게도 시험에 떨어진 낙방생들에게는 이 관문을 통과하지 못하면 아무리 일을 열심히 한다고 하더라도, 이후 자신의 능력을 개발하고 성과를 낸다 하더라도 대부분의 인생은 크게 달라지지 않는다.

한 번 정규직이면 영원한 정규직, 한 번 비정규직이면 영원한 비정규직인 사회에서는 위든 아래든, 정규직이든 비정규직이든 열심히 일하고 자기를 개발할 이유가 사라진다. 당연히 사회 전체적으로는 활력을 잃게 되고 국제경쟁력은 상실된다.

대기업 정규직들은 상층 노동시장에 속해 고임금과 정년보장이 혜택을 누리고 있다. 고임금과 정년보장은 서로 연결되어 우리나라 노동시장의 불평등성을 더욱 악화시키는 악순환의 고리를 완성하고 있다. 아래 표는 정진호 외 3인이 집필하고 한국노동연구원이 발간한 《노동력 고령화와 임금체계 혁신》에 실린 근속연수별 임금 격차에 대한 국제비교이다.

우리의 경우 근속연속 1년 미만인 사람이 100을 받는다면 10-15년 사이는 217을 받고, 30년 이상은 이의 3배가 넘는 330을

● 복지 불평등과 대안 찾기

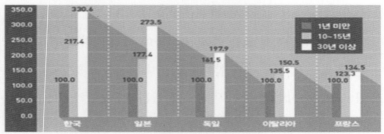

근속연수별(제조업) 임금 격차 국제 비교(0-1년 초임=100)

※자료: 한국노동연구원 노동력 고령화와 임금체계 혁신(2011)

받는다. 근속연수에 따라 임금 격차가 우리처럼 극심한 나라는 없다. 프랑스의 경우 1년 미만이 100을 받는다면 10-15년은 123, 30년 이상은 134 정도를 받는다. 우리와 흔히 비교되는 일본의 경우도 우리보다는 그 격차가 매우 적다.

우리나라의 임금체계는 연공급제다. 임금체계라 함은 월급이 결정되는 기본방식을 말하는데, 크게 직무급제, 성과급제, 그리고 연공급제 세 가지로 구분된다. 우리가 취하는 연공급제는 각각 맡은 직무나 얻은 성과에 따라 월급이 결정되는 것이 아니라 연령이 많아지거나 근속 연수가 늘어나는 것에 비례하여 월급이 오르는 연공급제로, 이러한 임금체계를 가진 나라는 우리나라가 거의 유일하다.

재벌 대기업을 제외한 다른 기업들도 기본적으로는 연공급제를 채택하고 있지만, 문제는 이들 중소기업들과 하청업체들은 직원들의 정년을 보장하기 어려운 구조라는 점이다. 이들은 재벌 대기업과 달리 항시적인 구조조정과 파산의 위험에 직면해 있고, 그래서 이들에게 해고는 일상사다. 상황이 이러한데 명목상 연공급제를 취한다고 해도 고임금으로 연결되기는 어렵다.

따라서 연공급제를 취하든, 법으로는 정년을 보장하게 되어 있든, 이의 보장 여부는 실질적으로 각 기업이 처한 경제적 상황에 달려 있게 된다. 이런 맥락에서 보면 정년보장과 연공급제의 실질적 혜택은 기업의 상황이 나쁘지 않고, 뿐만 아니라 강력한 노조가 결성되어 회사와의 교섭력을 지닌 일부 재벌 대기업 정규직들에게만 돌아가게 된다. 이들을 제외한 중소 하청업체 정규직이나 비정규직들은 정년보장과 최저임금이 법으로 정해져 있다 해도 실질적인 혜택을 받기는 어렵다.

기업이 국제경쟁력을 잃거나 생산성이 약해져 망하게 되는 경우에도 본사 정규직과 비정규직, 하청업체 직원들 간에는 차별이 발생한다. 기업이 망하는 경우 그 책임은 경영진과 본사 직원들 순으로 진다. 그러나 부담은 온전히 본사 정규직이 아닌 하청업체로 내려온다.

잘 알려진 대로 대우조선해양에 산업은행의 4조2천억 원의 구제금융이 투입된다. 산업은행은 국책은행이기 때문에 결국 국민들의 세금에서 나간다고 봐야 한다.

1일 업계에 따르면 현대중공업, 삼성중공업, 대우조선해양 등 국내 주요 조선업체들은 이달부터 본격적으로 재무구조 개선을 위한 인력

구조조정에 나설 전망이다. 칼날은 가장 먼저 대형 조선사들의 협력업체들을 겨눌 것으로 전망된다.

- 〈서울신문〉 2015년 11월 2일자

4조 2천억 원을 투입하는 주채권은행인 산업은행이 장기적으로 3천여 명의 인력을 감축하겠다고 밝혔다. 그러나 대우조선해양은 인위적인 구조조정은 하지 않을 것이라고 밝혔다. 그렇다면 결국 그 폭탄은 협력업체가 맞게 된다. 해양플랜트 산업의 경우 절반 이상이 협력업체 직원들인데 이들을 자르겠다는 것이다.

구체적으로는 대우조선해양은 회사 경영진과 부장급 이상의 고위간부들 1/3을 줄이겠다고 했다. 이들은 노조원이 아니다. 본사 정규직 노조원들의 경우는 정년이 되어서 나가는 자연감소분을 중심으로 하고 신규채용을 하지 않는 방식으로 구조조정을 하겠다는 것이다. 회사가 잘 나갈 때도 그 혜택을 독점하던 본사 정규직들은 회사가 망해도 자신들의 자리를 보전하고, 해고의 부담은 협력업체 직원들이 다 짊어지고 가는 것이다.

이것이 지금 우리가 직면한 현실이다. 우리의 문제를 해결할 비책은 없다. 국제경쟁력 상실, 추락하는 경제, 악화되는 취업난, 이 모든 문제들이 사실 이중적 노동시장과 직결되어 나타나는 문제들이다. 이 점에서 이중적 노동시장은 한국경제의 만악의 근원이자 만병의 원인이라 해도 과언이 아니다.

한국경제의 출구 찾기는 여기서부터 시작되어야 한다. 이중적 노동시장을 어떠한 방식으로든 중향 평준화 하는 것이 한국 경제의 탈출구 찾기의 첫 작업이어야 한다. 즉 고임금과 정년보장을 향유하는 상층 노동시장의 고용경직성은 유연하게 하고, 하층노동시장의 임금과 고용안정성을 높이는 방식을 찾는 데서 출발해야 한다. 이미 시장에 편입된 상층 노동자들의 근로조건을 손대는 것은 엄청난 반발에 부딪힐 것이므로 일단은 신규 채용자부터 변화된 근로조건으로 충원하는 것이 바람직하다. 특히 정부가 관여할 수 있는 공공부문 즉, 공기업과 공무원 신규 채용자부터 계약직으로 임용하는 방안을 적극적으로 검토해야 한다.

　　적정한 수준에서 임금과 근로조건을 책정한 후 3년 또는 5년의 계약직으로 임용하고, 이후 업무 성과와 그 직무의 필요성을 종합적으로 검토하여 계약 연장 또는 해지하는 방안을 찾아야 한다. 이러한 계약직제의 도입을 통해 무사안일과 철밥통으로 인식되는 공공부문의 효율성과 경쟁력을 높여야 한다.

　　공공부문의 계약직화는 이와 연계된 여타 부문의 정상화를 촉발시키는 역할을 할 것이다. 지금은 대부분의 취업준비생들이 공기업이나 공무원 시험을 준비한다. 그 이유도 공공부문이 그 어느 직업군보다도 임금도 높고 처우조건도 양호하기 때문이다. 경쟁력을 상실한 공공부문은 결국 국민의 부담으로 돌아온다. 공공부문의 계약직화는 이러한 비정상적인 부문들을 정상화시키는 가장 효과적인 정책적 수단이다.

　　　　　　　　　● 복지 불평등과 대안 찾기

●

한국경제의 출구 찾기는

여기서부터 시작되어야 한다.

이중적 노동시장을 어떠한 방식으로든

중향 평준화 하는 것이

한국 경제의 탈출구 찾기의 첫 작업이어야 한다.

즉, 고임금과 정년보장을 향유하는

상층 노동시장의 고용경직성은 유연하게 하고,

하층노동시장의 임금과 고용안정성을

높이는 방식을 찾는 데서 출발해야 한다.

2.

복지를 늘리는 게
능사인가

고용유연성 강화를 목적으로 하는 어떠한 형태의 노동개혁
이라도 반발여론에 부딪힌다. 우리나라가 서구의 복지선진국에
비해 사회안전망이 취약한 상황에서 고용을 유연화하면 그 폐해
가 적지 않다는 것이다. 이러한 반발 자체도 절반만 진실이다. 고
임금은 고사하고 정년보장을 누리는 노동자들은 많지 않다. 소득
상위 10%로 분류되는 대기업과 공공부문 정규직과 공무원들이 주
로 정년보장이라는 특권을 누리고 있는 현실이므로 쉬운 해고는
이들만을 대상으로 한다고 해도 과언이 아니다. 이들을 제외한 하
위 90% 노동자들은 지금도 일상적인 구조조정과 해고의 위협에
시달리고 있다.

임금피크제도 마찬가지이다. 임금피크제는 그 대상 자체가
60세까지 정년을 보장받는 노동자들에 해당되기 때문이다. 더 정

　　　　　　　　　　　　● 복지 불평등과 대안 찾기

확하게 말하면 60세까지 새롭게 정년이 연장된 극소수의 노동자들에게만 해당되는 사항이다.

어찌되었든 복지를 늘릴 필요는 충분하다. 그런데 앞서 살펴보았듯이 소득 상위 10%는 복지혜택에서도 타의 추종을 불허한다. 특히 공무원들은 공무원연금 하나만 가지고도 노후보장 혜택을 누리고 있다. 이들은 소득뿐만 아니라 복지혜택에서도 특권을 누리고 있는 것이다. 모든 국민들이 이러한 복지혜택과 노후보장을 즐길 수 있으면 좋겠지만 현실은 그러하지 못하다. 이들이 누리는 복지혜택은 결국 국민의 부담으로 돌아온다. 소득뿐만 아니라 복지혜택에서도 빈익빈 부익부가 지배하고 있으며, 상대적으로 가진 자들의 복지를 위해 국민 전체가 희생하는 구조인 것이다.

막연히 복지 증대를 외치기 전에 지금 우리나라의 복지가 왜 이 모양이고 이를 어떻게 고칠 것인가부터 차분하게 논의하여야 한다. 이 과정에서 우리가 증대해야 하는 복지는 무엇이고, 이를 위한 재원을 어떻게 마련할 것인가가 함께 논의되어야 한다.

다음의 표는 2015년부터 2050년까지 우리나라의 세금과 복지부담금이 GDP 대비 어느 정도 비중을 차지할 것인가를 표로 나타낸 것이다. 〈고령화, 저성장 시대, 우리는 준비되어 있는가?〉를 주제로 열린 정책세미나에서 한국보건사회연구원 미래전략연구실장인 원종욱 박사가 '사회보장재정의 지속가능성 확보를 위한 정책제언'이라는 제목으로 발표한 내용이다.

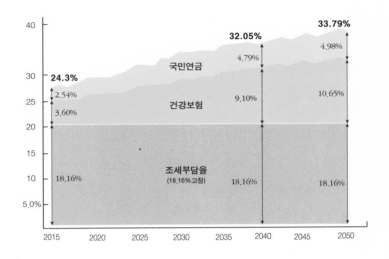

X축은 2050년까지의 시간의 변화이고, Y축은 각각의 영역이 우리나라 GNP에서 차지하는 비중을 나타낸다. 가장 왼쪽에 있는 2015년의 경우 조세부담률은 GDP의 18.16%, 건강보험은 3.6%, 국민연금은 2.54%를 점하고 있다. 이 세 가지를 모두 합친 것은 국민부담률이라 하는데, 2015년 현재 24.3%이다. 즉 지금은 우리나라가 생산한 GDP의 24.3%가 세금과 건강보험과 국민연금을 위한 기금으로 쓰이고 있다는 의미다.

일단 국민들이 세금으로 내는 조세부담률을 2015년 수준에서 그대로 묶어둔다 하더라도 우리나라 국민들의 국민부담금은 계속 증가할 수밖에 없다. 2040년이 되면 32.05%, 2050년에 33.79%까지 상승하게 된다. 이렇게 조세부담률을 묶어두어도 국민부담율이 상승하게 되는 일차적 원인은 고령화에 있다. 즉 노인 인구가 갈수록 고령화되면서 건강보험에 들어가는 비용이 늘어나고, 국민연금도 연금 수령자가 늘어남에 따라 올라갈 수밖에 없다는 것이다. 고령화는 노인 인구의 비율이 늘어나는 것에만 영향을 받는 것이 아니다. 이들을 부양해야 할, 즉 세금을 내고 건강보험과 국민연금 보험료를 납부해야 하는 경제활동인구의 감소에 의해서도 영향을 받는다. 그래서 고령화와 함께 저출산도 심각한 위협 요인이다. 잘 아시다시피 우리는 이 두 가지 위협에 직면해 갈수록 상황은 악화되고 있다.

　　문제는 복지혜택을 늘린다고 좋기만 한 것은 아니라는 사실에 있다. 국민연금과 건강보험 혜택을 늘리는 것은 그에 소요되는 재원의 증가를 요구한다. 세금과 똑같이 높은 복지혜택은 그만큼의 재정적 부담을 의미하는 것이다. 이 국민부담률은 어느 정도가 적정할까? 이에 대해 정해진 수치는 없다. 다만 이에 대한 국가 간 비교가 이의 적정치에 대한 논의를 가능케 한다.

　　X축은 각 국가의 국민부담률이고, Y축은 공공사회 지출인데, 둘 다 각 국가의 GDP 대비 차지하는 비중을 나타낸 것이다. Y축의 공공사회 지출이 높다는 것은 국가가 국민들에게 제공하는 복지혜택이 높다는 것을 의미하므로, 그 자체로는 좋은 의미이다. 그런데 국가가 제공하는 복지는 높은데, 이를 충당하는 재원이 상대적으로 적다면 어떤 문제가 발생할까? 이는 여타 국가재정이 사용되는 부담을 낮추거나 그렇지 않으면 재정적자가 발생한

다는 것을 의미한다.

　우리나라가 2050년에 차지할 위치보다 왼쪽에 있는 국가들은 국민부담률에 비해 공공사회 지출이 상대적으로 높은 국가이다. 예를 들어 그리스는 국민부담률은 32%인데, 공공사회지출은 26%로, 그 차이가 65에 불과하다. 포르투갈과 스페인 등이 이러한 경우에 속하는데, 이런 나라들의 경우는 여타 분야의 재정부담을 줄이거나, 아니면 재정 적자의 위험에 처할 가능성이 높다. 2015년 봄에 발생한 그리스 부도 사태가 그 단적인 증거이고, 스페인과 포르투갈이 이 위험에 처해 있는 이유이다.

　우리나라보다 오른쪽에 위치한 독일이나 노르웨이 등은 공

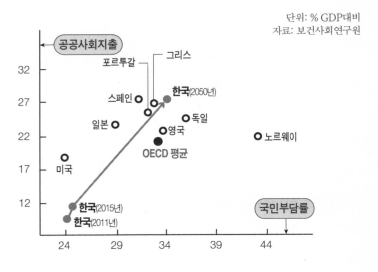

남유럽보다 심각해지는 한국의 복지지출 부담

단위: % GDP대비
자료: 보건사회연구원

　　　● 복지 불평등과 대안 찾기

공사회 지출도 적지 않지만, 세금 등으로 걷어들이는 국민부담률도 상대적으로 높기 때문에 재정 적자의 위험성에 처해지지는 않는다. 이런 경우가 이론적으로는 가장 이상적인 경우이기는 한데, 이는 실질적으로 국민들이 부담하는 세금과 국민연금과 건강보험료가 높다는 것을 의미하므로 각국이 처한 상황에 따라 다른 처방이 불가피하다. 즉 복지를 높이는 것은 좋지만 국민도 더 많은 비용부담을 해야 한다는 것이므로 이에 대한 사회적 합의가 없는 상황에서 무리하게 추진하기는 어렵다.

이 그림에 나타나지는 않지만 프랑스, 벨기에, 스웨덴 등 유럽의 복지선진국이라는 대부분의 나라들은 현재도 2050년의 우리보다 훨씬 더 오른쪽 위쪽에 위치한다. 즉 복지 수준도 높고 국민부담률도 동시에 높지만 양자 간의 차이도 우리보다 훨씬 큰 국가들이다. 예를 들어 덴마크의 경우 공공사회 지출은 30%, 국민부담률은 거의 47%에 육박한다. 국민부담률 47%는 국내에서 생산되는 총 부가가치의 절반 가까이가 국민들의 세금과 건강보험과 국민연금 보험료로 나간다는 것이다.

2015년을 기준으로 우리나라의 국민부담률은 24.3%이다. 이를 덴마크 수준으로 맞추려면, 세금, 국민연금, 건강보험료를 지금보다 거의 두 배 정도 더 내야 한다는 말이다. 현재 우리나라의 세금 부담은 GDP 대비 18%를 갓 넘는 수준이다. 이를 30% 이상으로 끌어 올릴 뿐만 아니라 월급의 4.5%를 내는 국민연금도 9% 수준까지 더 내야한다는 의미이다.

복지를 늘리자는 것에는 대부분의 국민들이 동의한다. 그러나 문제는 이를 위한 재정 확보가 동시에 진행되어야 한다는 것이다. 복지는 늘렸는데 이에 필요한 재정이 이에 합당한 비율로 증가되지 않는다면 재정 위기를 겪고 있는 그리스나 포르투갈처럼 될 가능성이 매우 높다. 문제는 현재의 복지 수준을 그대로 둔다 하더라도 2040년, 2050년 정도가 되면 지금의 그리스처럼 될 수 있다는 것이다.

　　우리나라의 고령화와 저출산, 경제 성장률 등 이와 연관된 대부분의 지표가 몇 년 전의 예상보다 가파르게 나빠지고 있다. 지금 추산한 대로 진행되었을 때 그렇다는 것인데, 실제로는 이보다 더 상황이 나빠질 수도 있다. 따라서 이러한 상황을 피하기 위해서는 복지 증진과 함께 이에 필요한 재정, 즉 세금과 공공보험료 인상을 함께 논의하여야 한다.

3.

누가 세금을
더 내야 하는가?

2015년은 세금과 복지라는 관점에서 보면 격동의 한 해였다. 공무원연금 문제가 있었고, 이로 인해 촉발된 국민연금 논란도 여전히 내연 중이다. 또한 박근혜 정부에서 추진한 조세개혁이 부정적인 국민여론과 여야의 반대로 취소되는 일까지 있었다.

우리나라의 복지 수준이 다른 나라에서 비해서 낮다는 것에 이의를 제기할 사람은 많지 않다. 문제는 결국 돈이다. 복지를 늘리고 사회안전망을 강화해야 하는데, 이를 위한 재원 마련이 필요한데, 결국 세금을 늘려야 하는 문제에 부딪힌다. 복지 수준은 높이고 사회안전망은 강화해야 하는데, 세금을 더 내는 것은 누구도 좋아하지 않는다.

그렇다고 여기서 멈출 수는 없다. 일단 어디서 세금을 더 걷어야 하는지에 대한 논의라도 시작해야 한다. 실제로 세금을 더 걷을 것인가는 이후 국민적 합의와 여야 정치권의 결단이 필요한 사항이지만, 도대체 어디서 얼마를 더 걷는 것이 바람직한가에 대해서는 지금부터라도 제대로 된 논의를 시작해야 한다.

먼저 우리나라의 국세 비중을 보자. 이 표는 2013년을 기준으로 작성되었는데, 연도별로 수치의 변화는 있지만 그 정도가 크지 않아 연도별로 큰 차이가 없다. 국세 중 부가가치세가 27.7%로 그 비중이 가장 크고, 그 다음이 23.7%의 소득세, 21.8%의 법인세다. 그 뒤로도 기타 국세, 교통세, 관세 등이 있지만 그 비중 자체가 크지 않거나, 우리가 쉽게 어찌할 수 없는 것들이므로 논외로 하자. 부가가치세, 소득세, 법인세 이 세 가지가 전체 국세의 3/4 정도를 차지하고 각각의 비중도 크게 다르지는 않다.

금액으로 치면 2014년의 경우 부가가치세는 전체 국세의 27%를 점하고 59조, 소득세는 54조로 25%, 법인세는 전체 국세의 21%로 46조였다. 우리나라의 사례로만 보면 어디서 얼마를 더 걷어야 하는지가 나오지 낳는다. 그래서 국가 간 비교를 해보자.

그 다음 표는 국내총생산, 즉 GDP 기준 소득세와 법인세의 비중을 각각 보여준다. 2012년을 기준으로 하면, 우리나라의 소득세는 GDP 대비 4%다. 다른 국가들을 보면 우리보다 비중이 낮은 나라는 체코와 슬로바키아가 두 나라이고, 나머지 국가들은 다 우리보다 소득세의 비중이 월등히 높다. 덴마크 같은 경우는 GDP 대비 24.2%가 소득세로 걷힌다. OECD 평균은 8.5%이다. 우리보다 소득세의 GDP 대비 비중이 두 배 이상 높다.

　법인세의 경우는 전혀 다른 그림이 나타난다. OECD 평균은 3%인데 비해 우리는 3.4%로, 우리나라 법인세가 여타 OECD 국가들보다 낮다고 할 수 없다. 특히 2012년의 그림에서 주목할 것은 소득세에서는 최대 24.2%의 덴마크를 필두로 핀란드, 스웨덴, 영국, 독일을 거쳐 9.0%의 미국까지 소득세 비중이 최소 우리보다 두 배 이상 많은 국가들 중 모든 국가들이 우리와 법인세 비중은 비슷하거나 아니면 오히려 더 낮은 것으로 나타난다.

우리나라 소득세율과 과세표준 구간		
과세표준 구간	세율	누진공제
1200만 원 이하	6%	-
1200만 원 초과 4600만 원 이하	15%	72만 원
4600만 원 초과 8800만 원 이하	24%	582만 원
8800만 원 초과 1억5000만 원 이하	35%	1590만 원
1억5000만 원 초과	38%	3760만 원

자료: 국회입법조사처

우리나라 법인세율 과세표준 구간	
과세표준 구간	세율
2억 원 이하	10%
2억 원 초과 200억 원 이하	20%
200억 원 초과	22%

자료: 기획재정부

자료: 기획재정부

우리와 OECD 국가의 평균이 크게 다른 것은 부가세도 마찬
가지이다. OECD 평균은 18.7%로 부가세율 10%인 우리에 비해
거의 두 배 이상의 세율을 적용하고 있다. 여기서 부가세에 대한
우리들의 잘못된 상식을 지적해 둘 필요가 있다.

세금에 대한 논의를 하면서 부가세 얘기만 나오면 '부가세는
간접세로, 누진성이 없고 결과적으로 부가세를 올리면 서민만 피
해를 본다'는 근거 없는 주장들이 널리 퍼져 있다. 이는 사실이 아
니다.

간접세고 누진성이 없고 서민만 피해 본다는 주장에 딱 맞
아 떨어지는 세목이 있기는 하다. 대표적인 것이 담뱃세다. 담배
는 소득에 상관없이 담배를 구매하는 양에 따라 일률적으로 세금

소득세·법인세 납세 현황

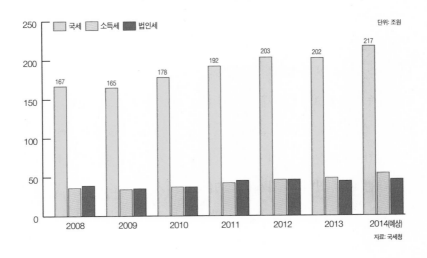

단위: 조원

자료: 국세청

● 복지 불평등과 대안 찾기

GDP 대비 소득세 비중   GDP 대비 법인세 비중

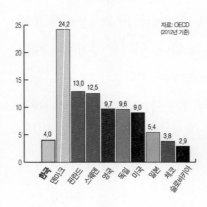
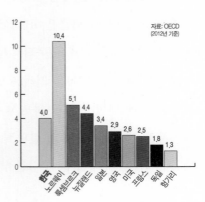

을 내야 한다. 시중에 4,500원에 판매되는 담배의 경우 담배소비
세 1,007원, 건강부담금 841원 등 지방세와 국세로 나가는 세금만
3,318원으로 세율이 74%에 이른다.

담배는 수입이 많다고 더 피는 것도 아니다. 역으로 중·하층
에서 흡연 인구가 더 많다는 연구 결과들도 많이 나오고 있다. 이
러한 담뱃세와 부가가치세를 착각하는 경우가 적지 않다. 부가가
치세는 상품의 거래나 서비스의 제공과정에서 얻어지는 부가가
치, 즉 이윤에 대해 과세하는 금액을 의미한다.

소비자가 물건을 살 때 내는 부가가치세는 물건을 판매한 사
업자가 이를 물건 값에 붙여 거두었다가 세무서에 대신 납부하는
형태를 띠고 있다. 부가세는 당연히 소비가 많은 소비자가 많이 내
는데, 소득이 많을수록 소비가 많을 가능성이 높다. 따라서 부가가
치세는 기본적으로 소득이 많은 사람들이 많이 낼 가능성이 높은

누진성 세금이다. 설혹 누진성이 없다 하더라도, 이를 거두어서 지출할 때 사회적 약자에게 그 혜택을 집중시킨다면 자원의 재분배라는 복지정책의 취지에 부합하게 할 수 있다.

● 복지 불평등과 대안 찾기

4.

복지 구조조정과
증세

우리 복지 수준을 늘려야 한다는 점에서 대부분의 국민이 동의한다. 그렇다면 이제부터는 이를 위한 재원 마련 대책을 본격적으로 논의해야 한다. 누가 세금을 더 내야 하고, 어떠한 세금을 더 걷어야 할 것인가의 문제만큼 어려운 문제도 없다.

2015년 봄 박근혜 정부가 추진한 증세안에 대해 거의 전 국민적인 분노와 반발이 있었다. 박근혜 정부는 현재의 세금 감면 혜택 등을 수정해 결과적으로 연소득 5천500만 원 이상의 고소득자가 세금을 더 내는 증세안을 추진하려다 국민적 저항에 부딪혀 포기한 경험이 있다. 국민적 반발은 두 가지 근원을 가지고 있다. 사실 이의 대부분은 객관적 근거가 있다기보다는 경제 현실에 대한 오해와 편견에 근거한 것들이다.

첫째, 우리나라 고소득자들은 자신들이 고소득자라는 사실 자체를 인정하지 않는다. 둘째, 자신들은 이미 충분히 세금을 많이 내고 있는데, 자신보다 세금을 더 내야 하는 자들이 세금을 제대로 내지 않는 것이 문제라고 생각한다. 당연히 자신이 낼 세금이 늘어나는 것에 격렬히 저항하게 된다. 만약 객관적으로 그렇다면 어쩔 수 없는 일이지만 사실은 그렇지 않다는 점이 문제이다.

1장에서 논의한 김낙년 팀의 소득수준에 대한 조사나 국세청과 통계청의 납세자 통계를 보더라도 연소득 5천500만 원 이상은 우리사회의 고소득자임에는 틀림이 없다. 3천800만 명의 20세 이상 성인 인구를 기준으로 하면 연소득 4천432만 원이 상위 10%의 경계선이다. 2천382만 명의 취업자만을 기준으로 하면 5천500만 원보다 약간 높은 5천765만 원이 상위 10%의 관문이다. 상위 20%는 이보다 매우 낮은 3천789만 원이다. 즉 어떠한 기준으로 하더라도 연소득 5천500만 원은 상위 10% 또는 상위 12%에 드는 고소득자임은 분명한 사실이다.

우리나라 성인 인구 3천800만 명 중 비경제활동인구와 실업자를 제외한 취업자는 대략 2천588만 명 정도이다. 이의 27% 정도가 자영업자나 가족무급 종사자 등 비임금 근로자이다. 나머지 대략 70% 정도가 임금근로자들인데, 비경제활동 인구나 자영업자에 비해 경제적 수준에서는 그나마 잘나가는 집단에 속한다.

임금근로자만을 대상으로 한 고용노동부의 2013년 월급 통계에 따르더라도 연소득 5천500만 원, 월급으로 환산하면 매달 세전소득 458만 원을 받는 직장인은 임금노동자 중에서도 상위 12%

에 속하는 고소득자임이 분명하다. 전체 성인 인구를 기준으로 하면 상위 10%안에 확실히 들어가고, 이보다 분모가 줄어들어 더욱 까다로운 국세청 세금 자료나 고용노동부의 월급 통계를 기준으로 하더라도 12-13%에 속하는 고소득자들이다. 이 5천500만 원은 우연히도 우리나라 공무원들의 평균월급과 매우 유사한 수준이다.

일단 어느 부문에서 얼마만큼의 세금을 더 걷는 게 적당한지를 논의하는 출발점은 이의 기준을 정하는 일이다. 일단 우리와 경제적 수준이 유사한 OECD 회원국들과 비교하는 것이 적절할 듯하다. 기획재정부에서는 각종 세금의 종류와 그 비중에 대한 OECD의 통계를 취합하여 그 결과를 우리나라 조세운용 계획을 수립하는 데 참고자료로 활용하고 있다.

다음의 표는 기획재정부에서 2014년 9월에 발표한 〈중장기 조세정책 운용계획〉에 따르면 주요국의 GDP 대비 세원별 세수 비중은 다음과 같다.(기준 연도는 2011년이다.) 먼저 큰 틀을 보자. 세금을 어디서 걷느냐에 따라 크게 네 가지로 세원이 구분되는데, 소득세, 재산세, 소비세와 사회보장 기여금이다. 이 세금을 어디서 얼마나 더 걷을 것인가와 관련하여 의미 있는 항목은 개인소득세와 법인세, 그리고 소비세이다. 소비세 중 일반소비세를 흔히 부가가치세라고도 한다.

211년을 기준으로 하면 우리나라의 경우 소득세가 GDP에서 차지하는 비중이 3.8%로 OECD 평균 8.5%에 비해 절반에도 미치지 못하고 있다. 이 소득세는 개인들이 벌어들이는 소득에 대

주요국의 GDP 대비 세원별 세수비중 ('11년, %)

구분	소득과세	소득세	법인세	재산과세	소비과세	일반소비세	개별소비세	기타	사회보장기여금
한 국	7.8	3.8	4.0	3.0	8.1	4.4	2.2	1.5	6.1
OECD 평균	11.4	8.5	3.0	1.8	11.0	6.9	3.0	1.1	9.1
미 국	11.2	8.9	2.3	3.0	4.4	1.9	1.0	1.5	5.5
일 본	8.6	5.3	3.4	2.8	5.3	2.7	1.8	0.8	11.9
영 국	13.2	10.1	3.1	4.2	11.5	7.4	3.4	0.7	6.7
프랑스	10.0	7.5	2.5	3.7	10.9	7.2	2.6	1.1	16.7
독 일	10.9	9.1	1.7	0.9	10.8	7.3	2.6	0.9	14.2

해 과세하는 것으로 흔히 법인에 부과하는 법인세와 구별하기 위해 개인소득세라고도 한다. 반면 법인세는 OECD 평균이 3.0%인데 반해 우리는 4.0%로 우리가 더 높은 축에 속한다. 이는 우리가 OECD 평균에 비해 덜 걷는 세금이 법인세가 아니라 개인소득세임을 의미한다.

물론 이런 수치에도 불구하고 우리 국민들이 개인소득세를 많이 내고 있다고 주장할 수 있는 이론적 여지는 남아 있다. 예를 들어 기업이 벌어가는 소득이 일반 국민들이 월급으로 받아가는 개인소득보다 압도적으로 높은 비중일 경우에는 GDP 대비 비중이 OECD 평균보다 낮다 하더라도 우리 국민들이 개인소득세를 적게 낸다고 할 수는 없다. 그러나 이는 사실이 아니다. 우리나라

● 복지 불평등과 대안 찾기

의 법인소득과 개인소득의 비중은 OECD 평균과 매우 유사한 수준이다.

앞서 살펴본 한국은행의 〈국가계정〉 통계에 따르면 일 년 동안 우리나라에서 생산되는 총 부가가치 중 55%가 개인과 자영업자의 소득이고, 20%가 법인소득이다. 나머지 15%는 감가상각비이고, 10%가 부가가치세 등으로 정부가 가져가는 소득이다. OECD 국가들도 대략 이 평균 근처에서 국가별 차이가 조금 있는 정도다.

2014년의 경우 대한민국 GDP는 대략 1천485조 원 정도이다. 이의 55%가 개인소득이었으므로 개인들이 벌어간 소득은 대략 816조원 정도고, 개인소득세는 GDP의 3.8%였으므로, 52조 원 정도가 개인소득세로 거쳤다. 개인소득으로 벌어간 돈은 816조 원인데, 세금은 52조 원을 냈으므로, 실효세율은 6.3% 정도가 된다.

기업은 GDP의 20%를 벌어갔으므로 297조 정도를 벌어가면서 세금으로는 59조원 정도를 납부했다는 의미이다. 297조 원 소득에 59조 원의 세금이면 실효세율은 19.8%, 20%를 약간 밑도는 수준이다. 기업과 개인이 처한 상황은 상당한 차이가 있다. 그래서 실질적인 비교를 위해서는 각국의 개인소득세율과 법인세율을 비교하는 학자들도 있다.

그러나 사실 각 국가들에서 개인과 법인이 차지하는 비중이 크게 다르지 않다면 세율 자체보다는 결국 얼마를 벌어들였고 얼마를 세금으로 냈는가를 비교하는 GDP 대비 각 세원들이 차지하는 비중이 더 효과적인 비교 기준일 수 있다. 흔히 부가가치세라고 하는 소비세도 OECD 평균에 11%에 비해 우리는 8.1%로 상대적으로 낮은 편에 속한다. 우리보다 낮은 국가는 일본과 미국 정도이다.

어떤 세금을 어떤 방식으로 얼마나 더 걷을 것인가를 구체적으로 논의하는 것은 이 책의 범위를 넘는 어려운 과제이다. 일단 이 두 가지를 분명히 하면서 이 장을 마무리하고자 한다.

첫째, 우리나라의 복지 수준을 높여야 한다. 그러나 무작정 높일 수는 없다. 가장 중요하게는 우리는 이미 고령화 사회로 진입하고 있고 이의 비율도 급속히 높아지고 있는 추세에다 저출산이라는 악재도 겹쳐 있다. 이는 지금 있는 정도의 복지 수준을 유지한다 하더라도 이후 복지관련 지출이 급격하게 늘어난다는 것을 의미한다. 이를 주도하는 것은 건강보험 지출과 국민연금 수령자들의 증가에 기인한다. 이 두 가지 흐름은 인위적으로 조정할 수 없다.

이뿐만이 아니라 향후 70년간 매년 평균 10조 원의 적자가 공무원연금에서 발생한다. 공무원연금의 보험료 납부로 얻어지는 수익과 연금수령자에게 지불해야 하는 지출 항목의 차이, 그래서 국가재정에서 메워주어야 하는 적자보전금만 해도 이 정도이다. 정부가 공무원연금 관련하여 재정에서 지출하는 금액은 이게 다가 아니다. 공무원이 7%의 연금을 내고 이에 상응하게 정부가 지불해야 하는 정부 부담금까지 재정에서 나간다는 점을 감안하면 이로 인한 재정 적자는 매년 20조 원에 달한다.

국민연금도 그 액수에서는 차이가 있지만 그 속성은 유사하다. 기본적으로 좋은 직장에 오랫동안 다녀야 상대적으로 많은 금액을 보험료로 납입한 고소득자들이 많이 가져가는 구조이다. 자기가 많이 낸 만큼 많이 가져가는 것이라면 뭐라 할 것이 아니지만, 이 중 많은 부분은 정부나 미래세대가 낸 보험료에서 가져가는 것이다. 즉 자신이 낸 몫보다 많이 가져가는 몫은 다른 누군가에게 비용으로 전가된다는 것이다.

그래서 막연하게 복지 증대를 외칠 것이 아니라 복지의 원래 목적에 부합하지 않는 복지의 빈익빈 부익부 현상을 구조조정하는 것이 급선무이다. 복지의 본래 취지인 경제적으로 어려운 사회적 약자를 국가와 공동체 성원들이 도와준다는 사회적 재분배의 기능을 살려, 안정된 직장에서 상대적으로 고임금을 받는 부자들에게 더 많은 복지혜택을 주는 현재의 복지제도를 구조조정할 필요가 있다.

둘째, 복지 구조조정에도 불구하고 지금보다 전체적인 수준에서 복지가 늘어나야 한다는 것은 자명한 사실이다. 문제는 재원 마련이다. 어디서 얼마만큼 세금을 더 걷을 것인가를 본격적으로 논의하여야 한다. 여기서 가장 중요한 것이 포퓰리즘에 대한 경계이다. 세금을 더 내는 것을 반길 국민은 많지 않다. 이런 상황에서 개인들의 소득세보다는 투표권도 없는 기업들의 부담, 즉 법인세를 올리라는 요구가 높아질 가능성이 많다.

물론 더 낼 수 있다면 더 내는 것이 맞다. 그러나 법인세 인상은 그만큼 신중하게 처리하여야 한다. 무엇보다도 지금도 OECD 평균에 비해 우리나라 기업들이 법인세를 적게 내고 있는 것도 아닌데, 소득세 인상이 가져다 줄 정치적 부담을 우려하여 법인세 인상으로 몰아가는 것은 우리 모두에게 좋은 일이 아니다.

● 복지 불평등과 대안 찾기

좌파기득권과
진보의 몰락

어떠한 공동체든

공동체로 존재하기 위해서는 없어서는 안 되는 두 가지 필수적인 기능이 경제와 정치이다. 공동체 성원들이 먹고 살기 위한 무엇인가를 만들고 유통하고 나누는 것이 경제이며, 의식주를 해결하기 위한 근원적인 행위가 경제이다. 경제가 가장 중요하기는 하지만 이것만으로 공동체가 정상적으로 굴러가지는 않는다.

공동체가 공동체로 유지되기 위해서는 내적으로는 공공질서를 잡아야 한다. 물건을 만들고 유통하는 기능만 있고 공공질서를 유지하는 내적 치안 기능이 없는 공동체는 홉스가 주장하는 만인에 대한 만인의 투쟁 상태가 될 가능성이 높다. 내적 질서뿐만 아니라 공동체는 외부의 적으로부터 공동체를 지켜야 하는 외적 방위의 기능도 있다. 내적 질서를 잡기 위한 경찰과 사법제도, 외적으로부터 공동체를 방어하는 국방은 그래서 성숙한 공동체 어디에서나 발견되는 공통점이다.

정치는 원래 내적 치안의 필요성에서부터 출발했다. 이후 외부의 적에 대한 방어의 필요성 등이 부가되었는데, 이 모든 것이 이를 수행할 자금을 필요로 하였고, 이것이 세금을 거두는 조세기능이 공동체의 원초적 기능으로 자리 잡은 이유이다. 정치의 기능을 담당하는 국가는 이런 연유로 내적 질서의 유지, 외부의 적으로부터의 공동체 보호, 이를 위한 조세와 사법 체제 등을 공통적으로 갖추어 나가게 된 것이다.

이후 정치영역에 주요한 새로운 기능이 부가되는데, 경제영역을 담당한 시장영역에서 발생하는 사회적 약자를 위한 복지기능이 그것이다. 이제 경제는 사회적 부의 일차적 분배, 정치는 이차적 분배, 즉 재분배를 맡는 것으로 분화하게 된다.

1부에서 다룬 소득 불평등은 일차적으로 시장에서 이루어지는 경제영역에서 발생하는 문제이다. 물론 이것이 법 질서와 상관없이 진행되는 순전히 경제적인 행위는 아니다. 이제 경제와 정치는 너무나 서로 밀접하게 연결되어 있어 이것은 순전히 경제적 영역이고, 저것은 순수한 정치적 영역이라 분류될 수 있는 것이 거의 없다.

1부에서 다룬 소득 불평등의 원인으로 돌아가 보자. 우리나라는 OECD에 속한 19개 주요국가들 중에서 소득 불평등이 가장 심한 국가이다. 이 책에서는 이의 일차적 원인이 이중적 노동시장에 기인하는 것으로 보았다. 이중적 노동시장의 근본원인은 상층 노동시장과 하층 노동시장이 분할에 기인한다. 이 두 시장 간에는 같은 경제적 법칙이 작용하지 않는다.

상층 노동시장은 일반적으로 강력한 노조에 의해 보호되며, 그 결과 상대적 고임금과 잘 갖추어진 근무환경과 풍족한 복지혜택, 무엇보다도 보장된 정년으로 인한 고용안정성을 누리고 있다. 하층 노동시장은 저임금과 극심한 경쟁, 일상화된 해고의 위협, 낮은 복지 수준으로 특정된다.

1부에서 다룬 소득 불평등이 시장에서 발생하는 경제영역의 불평등이라면, 2부의 복지와 세금에서의 불평등은 정치영역에서의 불평등과 관련되어 있다. 원래 자본주의 시장경제에서는 소득 불평등은 불가피한 현상일 수 있다. 이를 바로 잡기 위해 정치영역에 사회적 자원의 2차적 분배, 즉 재분배 기능이 들어 있는 것이다. 이를 국가의 복지기능이 담당한다. 시장에서 충분한 수입을 올리지 못하는 자들에 대한 다양한 사회보장과 복지 혜택 등이 그것이다.

이를 구현하는 것이 조세와 복지정책이다. 우리나라의 경우 1차 시장경제에서의 소득 불평등도 심각하지만, 사회적 재분배 기능을 담당하는 정치영역도 상당히 왜곡되어 있다. 여기에는 1차 시장경제에서의 불평등, 이를 완화하기는커녕 확대·재생산하는 정치영역의 문제를 관통하는 공통의 행위자들이 있다.

●

좌파기득권은 한국 경제의 상층 노동자,

즉 대기업과 공기업의 정규직 노동자들을

지칭한다.

이들은 신분은 노동자이지만

자신들이 속한 대기업 집단이라는

우파기득권이 취하는 렌트식킹을 통한

경제 외적 소득,

즉 하청기업들과의 불평등한 관계를 활용한

약탈적 이전 소득이라는 전리품을 공유한다.

좌파기득권은 그래서 노동자이긴 하지만

착취당하기보다는 착취하는 집단이며,

높은 임금수준은 물론 정년이 보장된 고용안정성,

안락한 노후를 보장하는 연금 등

모든 면에서 이 사회의 혜택을 누리는 자들이다.

6장.

왜 좌파기득권이 문제인가?

1.

기득권이 지배하는
한국 경제

한국의 자본주의는 재벌 대기업 중심으로 구축된 수출경제이다. 먼저 자본의 측면을 보면 맨 위에 있는 재벌 대기업을 중심으로 그 아래 중소 하청업체들이 피라미드 조직처럼 수직계열화 되어 있는 구조이다. 경제적 처지에서 보면 자영업자는 중소 하청업체보다도 열악하다.

자본주의 경제뿐만 아니라 모든 사회에 불평등은 만연해 있다. 문제는 불평등을, 그 중에서 특히 심한 불평등을, 어떻게든 고치려는 의지와 노력이다. "내가 열심히 해서 돈을 많이 버는 것이 뭐가 문제냐?"는 항변도 일리가 있다. 문제는 그렇지 않은 불평등도 만연해 있다는 사실이다. 이와 관련된 개념이 '지대 추구(rent seeking)'이다.

아담 스미스에 의하면, 사람들의 소득은 크게 이자, 임금, 그

● 좌파기득권과 진보의 몰락

리고 지대로 나눌 수 있다. 지대는 원래, 자신의 땅을 남에게 빌려주고 얻는 소득을 의미한다. 내가 노동해서 얻는 소득이 아니라는 점에서 불로소득이다. 이 지대가 현대경제학에서는 좀 더 넓은 의미로 사용된다. 면허 취득 등을 통해 독과점적인 지위를 얻게 되면 별다른 노력 없이도, 즉 자신의 노동을 통해 세상에 기여하면서 얻는 방식이 아닌 다른 방식으로 얻는 소득을 의미하는 것으로 확장되었다.

아담 스미스가 생각했던 이상적인 자본주의에서는 각자가 사회에 기여하는 몫에 따라 이에 합당한 소득을 얻어야 한다. 대부분의 사람들은 노동력을 제공하여 먹고 산다. 내가 같은 조건에서 다른 사람보다 두 배 더 일을 하였다면 그 만큼의 돈을 더 받는 것이 당연하다. 그러나 지대는 그렇지 않는 소득이다.

대표적인 것이 정부에 로비하여 얻어내는 인·허가권이나 독점권 같은 것을 통해 얻는 소득이다. 공중파나 유선방송의 채널 독점권 같은 것도 마찬가지이다. 이 권한을 정부로부터 확보함으로써 이로부터 노동하지 않고도 발생하는 소득이 지대이고, 이를 얻으려고 노력하는 것이 지대추구이다. 이 지대추구를 좀 더 확장하면 경제외적으로 부당하게 많은 몫을 챙기는 집단들을 특정할 수 있다.

부당하게 많은 몫을 챙기는 대표적인 집단이 독점기업이다. 자본주의 경제의 가장 큰 장점은 효율성에 있다. 같은 자원과 비용을 들여 효용을 극대화하는 체제이다. 이를 가능케 하는 가장 중요한 요인이 수요-공급에 의한 가격결정 시스템이다. 독점기업은 시장에서의 수요-공급이 아니라 자신들이 가격을 독자적으로 결정할 권한을 가졌음을 의미한다. 실제 가치는 만 원에 불과한 상품을 이만 원 받고 팔 수도 있는 것이다. 자본주의의 강점인 경쟁을 통한 효용의 극대화는 여기에 작동하지 않는다.

우리나라 국민들은 대부분의 재벌 대기업이 지대를 추구하는 기업들이라고 본다. 경제 외적인 방법, 즉 정치권에 로비하여 자신들이 한 일보다 많은 몫을 챙겨간다고 생각한다. 사실이 그렇다. 한국의 대표적인 기업인 삼성과 현대만 보아도 이들이 노력한 공로는 있겠지만, 이것만으로 오늘의 삼성이나 현대가 만들어진 것은 아니다. 기업 초창기부터 정부의 각종 지원과 혜택을 받고 이만큼 성장한 것이다.

● 좌파기특권과 진보의 몰락

2.

좌파기득권이란
무엇인가?

경제영역에서 우리 사회의 기득권층, 즉 현재 존재하는 시스템으로부터 이득을 보는 집단이라 하면 가장 먼저 떠오르는 것이 재벌 대기업이다. 진보진영은 보수진영을 기득권 집단과 동일시하고, 이를 핵심적인 선거전략으로 활용한다. 틀린 주장이 아니다. 현재의 체제를 유지하려는 보수진영이 현 체제에서 이득을 보는 기득권 집단을 대변하고 있다는 사실 자체를 부정하기는 어렵다. 그러나 이들만이 현 체제에서 이득을 보는 기득권 집단인 것은 아니다. 재벌이나 대기업들을 우파기득권으로 분류한다면, 이의 반대편에는 좌파기득권 집단이 존재한다.

재벌 대기업들이 한국 경제에 미치는 부정적인 영향에 대해서는 이미 많은 연구와 논의가 이루어져 왔다. 재벌 대기업의 수가 그렇게 많지 않고 당연히 수적으로 소수인 재벌 대기업의 2-3

세들의 행태와 잘못들은 쉽게 국민적 공분의 대상이 되고는 한다. 영화와 소설 등을 통해서도 널리 알려져 있고, 대중적으로 인기 있는 대표적인 장르 중의 하나이기도 하다. 지난 대통령 선거에서 보수진영의 박근혜 후보도 이러한 재벌 대기업의 횡포에 대한 국민적 반감을 감안하여 경제민주화를 공약으로 들고 나오게 된다.

재벌 대기업으로 대변되는 우파기득권에 비해 그 상대역인 좌파기득권이 한국 경제에 미치는 영향력에 대한 연구는 많지 않다. 이것이 이 책의 가장 중요한 집필 동기이기도 하다. 좌파기득권은 무엇인가? 이들은 누구인가? 이들은 어떻게 한국경제에 부정적인 영향을 미치는가? 한국경제의 경쟁력이 약화되고, 청년실업난이 악화되는 것과 좌파기득권의 관계는 무엇인가? 등이 이 책의 주요 주제가 된 이유도 이것이다.

왜 우파기득권과 달리 좌파기득권은 학문적으로는 물론 정치적 논의의 대상이 되지 않은 것일까? 가장 중요한 이유는 이들이 수적으로 많기 때문이다. 많은 것은 잘 눈에 띄지 않는다. 일반 국민들이 그 이름을 알 정도로 재벌 대기업의 창업주나 그의 아들 딸들은 수적으로도 소수이고, 대중의 관심 대상이기도 하다. 일반 국민들과 차이가 워낙 크기 때문에 이들의 행태와 일거수 일투족이 국민적 관심사이기도 하다.

이 글에서는 경제적 신분은 노동자이지만 우리사회에서 경제적 특권을 가진 기득권 세력을 좌파기득권이라 규정한다. 좌파기

● 좌파기득권과 진보의 몰락

득권은 그 고용주가 누구냐에 따라 크게 두 그룹으로 분류된다. 하나는 우파기득권인 재벌 대기업에 고용된 정규직들이다. 민간기업에 고용된 재벌 대기업 정규직들과 달리 정부에 고용되었거나 정부가 대주주인 공기업에 고용된 공공부문 정규직들이 좌파기득권의 또 다른 축이다.

재벌 대기업과 공공부문 정규직들은 우파기득권에 비해 수적으로 많기 때문에 일단 두드러지지 않는다. 좌파기득권이 관심의 대상이 되지 않은 이유는 이뿐만이 아니다. 어마어마한 부를 누리는 재벌 2-3세들에 비해 이들 좌파기득권이 누리는 혜택은 그다지 커 보이지 않는다. 수적으로도 많고 국민 전체 평균과 비교해서도 그 누리는 혜택이 두드러져 보이지 않기 때문에 눈에 잘 띄지 않는 것이다.

서양 속담에 이런 말이 있다.

'초원을 황폐화시키는 것은 몇 마리의 코끼리 떼가 아니다. 막상 초원을 망치는 것은 수백, 수천 만 마리의 메뚜기 떼다.'

좌우 기득권의 문제를 다룰 때 이보다 더 적절한 표현은 없는 것 같다. 코끼리는 몇 마리 되지도 않고 몸집도 커서 눈에 잘 띈다. 이들이 큰 나무를 뿌리째 뽑는 모습을 보면 초원을 황폐화시키는 주범이 이들이라는 생각을 하기 쉽다. 반면 메뚜기 한 마리는 몸집도 작고 먹는 양도 많아 보이지 않는다. 이 작은 메뚜기가 얼마나 먹는다고 초원을 황폐화 시킨다는 것인가 하는 착각을 하기 쉽다. 그런데 한 마리를 놓고 보면 보잘 것 없어 보이는 메뚜기들이 떼를 이루어 움직이면 얘기가 달라진다. 수백, 수천만 마리의 메뚜기들이 떼를 이루어 급습하면 초원은 순식간에 황폐해진다.

소득 불평등을 논하면서 우파기득권이 대부분을 점하는 상위 1%는 수적으로 38만 명 남짓이라고 하였다. 이 기준을 적용하면 상위 10%에 속한 사람들은 수적으로 이의 열 배인 380만 명에 달한다. 1%의 평균 소득은 2억1천800만 원이다. 상위 10%의 평균은 이의 절반도 되지 않는 8천만 원 선이다. 그런데 각 분위에 속한 사람들의 평균소득과 그 구성원의 숫자를 곱하면 전혀 다른 스토리가 전개된다. 앞서 상위 1%가 전체 소득의 13%를, 상위 10%가 전체 소득의 48%를 가져간다는 점을 설명했다.

상위 1%에 속한 사람은 전체 평균의 13배를 가져가는 것이므로 개인적으로 가져가는 것은 매우 크지만, 그래도 전체의 13%에 불과한 정도다. 상위 10%로 내려가면 개인 개인이 가져가는 몫은 전체 소득의 4.8배로 줄어들지만, 이들 집단 전체가 가져가는 것은 이미 전체 소득의 과반을 육박할 정도로 커지게 되는 것도 같은 이치다. 그래서 재벌 대기업 또는 상위 1%를 비난하기는 쉽지만 막상 이들의 양보만을 통해서 국민 전체가 얻을 수 있는 것은 예상만큼 크지는 않다.

먼저 대기업 직원들을 보자. 이들은 물론 기업 오너나 재벌 2세, 3세와 같은 혜택을 누리지는 못한다. 그러나 그런다고 이들이 현 체제의 피해자들은 아니다. 큰 도둑놈만 도둑놈인 것은 아니다. 이들이 가져가는 소득은 시장에서의 공정한 경쟁을 통해 얻어진

순수하게 경제적인 것인가? 그런 몫도 있지만 그렇지 않은 몫도 적지 않다. 한국의 대기업과 중소기업 관계는 서로 상생하는 부분도 있지만, 중소기업이 가져갈 몫을 대기업이 우월적 지위를 활용하여 빼앗아 가는 부분도 적지 않다.

　요즘 논란이 되고 있는 갑을관계도 그렇고, 드라마 '미생'에서 묘사된 비정규직과 정규직의 관계도 그럴 가능성이 높다. 같은 노동을 하는데, 정규직은 임금도 높고, 여타 복리후생 혜택도 많다. 무엇보다도 정년이 보장된다. 이에 비해 비정규직들이 가져가는 몫은 이에 비한다면 턱없이 적다. 임금만 놓고 봐도 같은 직종에 종사하는 비정규직이 정규직의 50%만을 받고 있다고 한다. 같은 회사에서 같은 노동을 하는데 임금은 50% 밖에 받지 못한다면, 이들이 원래 받아야 할 몫을 누군가가 가져간다는 것이다.

　사회에 자신이 기여한 몫보다 부당하게 더 많이 가져가는 지대추구 행위를 길게 논의한 이유는 좌파기득권 집단을 설명하기 위해서이다. 민주노총 등 진보진영은 자신들을 항상 피해자라고 간주하며, 재벌 등 우파기득권이 모든 악의 근원인 것처럼 비난한다. 그런데 이런 방식으로는 문제가 풀리지 않는다. 자신들도 부당한 방식으로 합당한 몫 이상을 챙겨가게 되면 누군가는 그 피해를 감수해야 한다. 비정규직들이 그들이다. 좌파기득권이 우파기득권에게 "너 때문이야"라고 책임을 전가하려고만 한하면 문제는 더욱 악화된다.

현대자동차의 작업 현장은 이와 관련하여 항상 논란의 중심에 서 있다. 동일한 노동을 하는데 처우는 완전히 다르다. 하다못해 밥 먹는 식당도 다르고, 메뉴도 다르다고 하여 논란이 된 적이 있다. 공기업도 이와 별반 다르지 않다.

기아차 본사에 고용된 정규직들은 평균 연봉이 1억 원이다. 사내하청으로 고용된 노동자들은 이의 절반인 5천만 원을 받아 간다. 동일한 노동을 하는데 임금 격차는 엄청나다면 평균 1억 원을 받아가는 것이 자신의 정당한 노동의 대가인가라는 의문이 따를 수밖에 없다.

앞서 자본의 관계를 논하면서 원청업체인 재벌 대기업과 하청업체와의 불공정한 관계에 대해 설명하였다. 원래 자유로운 경쟁이 보장되는 시장경제라면 수요와 공급에 의해서 하청단가가 결정되는 것이 맞다. 그러나 우리나라 재벌 대기업과 하청업체의 관계는 여기에 속하지 않는다.

시장에서의 독점적 권한과 정치권력과의 긴밀한 관계 등을 활용하여 재벌 대기업은 독점이윤이라는 지대를 추구하고 이를 구현한다. 이들 재벌 대기업과 하청업체 간의 자본 불평등을 각각의 회사에 고용된 노동자들에게도 직접적인 영향을 끼친다. 재벌 대기업을 자본을 소유한 우파기득권이라 한다면, 이들 우파기득권의 회사에 고용된 재벌 대기업의 정규직들을 좌파기득권이라 분류하는 것이 적절하다. 좌파기득권이 누리는 특권은 높은 임금으로 국한되지 않는다.

공기업과 공무원들도 이러한 정년보장의 혜택을 누린다. 재벌 대기업의 정규직 노동자들은 정규직 신규 채용을 좋아하지 않는다. 정규직을 늘렸다가 구조조정을 하게 되면, 자신들이 피해자가 될 수 있다고 생각한다. 그래서 일거리가 늘어도 이를 정규직 채용으로 해결하려 하지 않고, 비정규직 채용이나 협력업체 확대를 통해 해결하려 한다. 비정규직이나 협력업체가 정규직의 정년보장을 위한 완충제, 범퍼 역할을 하고 있는 것이다. 그렇다면 정년은 보장하지 않더라도 더 주지는 못할망정 월급이라도 같은 수준을 맞춰주는 것이 합당하지 않은가? 그렇게 하지 않는다. 공기업도 마찬가지이다.

사실 대기업이나 공공기관에서 정규직 채용을 꺼리는 이유는 이와 직결되어 있다. 정규직들의 임금과 과도한 정년 보장이 정규직 채용을 기피하는 가장 중요한 이유인 것이다. 서로를 비난하면서도 공생한다. 그리고 그 피해를 모두 비정규직과 협력업체에 전가한다. 이 점에서 대기업이라는 우파기득권과 대기업노조라는 좌파기득권은 공범관계에 있는 것이다.

요약하면 우파와 좌파기득권은 자본주의 생산관계에서 점하는 지위에 의해 분류된다. 자본가인 재벌과 대기업이 우파기득권의 주축인데, 자본가라고 다 우파기득권이라고 할 수 없다. 대기업과 이의 하청업체와의 관계가 수요와 공급이라는 시장 원칙에 의해 결정된다면 이는 모두가 윈윈하는 상생관계라 할 수 있다. 안타깝게도 한국의 대기업들과 하청기업의 관계가 그러하지 않다는 증거들은 수북하게 쌓여 있다. 시장에서의 독점력을 악용하는 대기업들의 하청업체에 대한 횡포는 널리 알려져 있는데, 흔히 악질적 갑을관계라고도 한다. 시장 독점력뿐만 아니라 정치권력과의 결탁 등 경제 외적인 방식을 활용하여, 원래는 하청업체에 돌아갈 몫을 부당하게 챙겨가는 행위를 약탈적 소득 이전이라 한다. 이를 자행하는 대기업들을 우파기득권으로 분류할 수 있다.

좌파기득권은 한국 경제의 상층 노동자, 즉 대기업과 공기업의 정규직 노동자, 공무원들을 지칭한다. 이들은 신분은 노동자이지만 자신들이 속한 대기업 집단이라는 우파기득권이 취하는 렌트식킹(rentseeking)을 통한 경제 외적 소득, 즉 하청기업들과의 불평등한 관계를 활용한 약탈적 이전 소득이라는 전리품을 공유한다. 좌파기득권은 그래서 노동자이긴 하지만 착취당하기보다는 착취하는 집단이며, 높은 임금수준은 물론 정년이 보장된 고용안정성, 안락한 노후를 보장하는 연금 등 모든 면에서 이 사회의 혜택을 누리는 자들이다.

좌파와 우파기득권의 관계는 그 출발이 노사관계라는 점에서 적대적인 측면도 있지만, 대기업이 하청업체와 비정규직들로부터 이전시킨 전리품을 공유한다는 점에서 공생관계이기도 하다. 즉 이들은 약탈의 공범들인 것이다.

또한 이러한 특권을 누리는 것이 민간영역의 재벌 대기업만 있는 것도 아니다. 정부에 직접 고용된 공무원과 공기업 정규직들

● 좌파기득권과 진보의 몰락

도 이에 속한다. 공무원과 공기업 정규직들의 월급 또한 시장에서의 수요와 공급에 의해 결정되지 않는다. 전교조와 전공노에 속한 공무원들과 민주노총에 속한 공공부문 정규직들은 대기업 정규직들과는 또 다른 특수한 집단이다.

대기업 정규직들과 달리 공공분야 정규직들의 고용주는 기본적으로 대한민국 정부이고, 그래서 궁극적으로는 국민이라는 고용주에게 고용된 노동자들이다. 임금도 정부가 일정한 기준을 가지고 임의적으로 정한다. 하는 일에 따라 결정되는 것이 아니다.

게다가 높은 임금보다도 더 좋은 고용안정이라는 특권이 있다. 재벌 대기업의 강력한 노조가 있는 현장의 생산직 노동자들의 경우는 특별한 사유가 발생하지 않으면 정년이 보장된다. 공무원과 공기업 정규직들은 재벌 대기업보다 이러한 점에서 더 특권을 누리고 있다. 법으로 정해진 정년이 있고, 웬만해선 이들을 해고하는 것은 거의 불가능하다.

3.

왜 좌파기득권이 문제인가?
: 그리스의 교훈

재벌 대기업이 한국경제에 미치는 부정적인 영향에 대해서는 많은 논의가 이루어졌다. 이에 대한 우려가 지난 대선에서 경제민주화로 집약되어 나타났다. 이는 우리 국민들의 다수는 이미 재벌 대기업, 즉 우파기득권의 폐해에 대해 경각심을 가지고 있다는 의미이다. 반면 좌파기득권에 대해서는 아직 본격적인 논의가 이루어지지 않고 있다. 이것이 이 책을 집필하게 된 가장 중요한 이유이기도 하다. 좌파기득권이 왜 문제인가? 이 문제에 대해 본격적인 논의를 하기 전에 올 초에 있었던 그리스 국가부도 사태를 살펴 볼 필요가 있다.

올초부터 여름까지 신문의 국제면을 뜨겁게 달궜던 기사가 그리스의 국가부도 사태와 이에 따른 국민투표였다. 국제통화기금(IMF)에 따르면, 그리스는 2015년 10월부터 1년 동안 293억 유로

● 좌파기득권과 진보의 몰락

(약 36조5000억 원)의 빚을 갚아야 한다. 이 돈을 어디선가 빌려야 국가파산을 막을 수 있다. 그런데 문제는 이 돈만 빌린다고 해결되지 않는다는 사실이다. 내년 10월 이후 226억 유로를 또 빌려야 한다. 게다가 2018년 말까지 3년 동안 519억 유로(약 64조6200억 원)가 부족하고, 이를 더 빌려야 한다는 것이다.

앞으로 필요한 돈 519억 유로 말고도 그리스는 이미 2,460억 유로, 우리 돈으로 환산하면 대략 300조원이 넘는 채무가 있다. 그리스 1년 예산은 대략 100조 정도 된다. 국민들에게 세금을 걷어서 한푼도 쓰지 않고 그대로 갚는다 해도 3년이나 걸린다는 뜻이다. 그리스의 국가부채는 국내총생산, 즉 GDP 대비 175%이다. 1인당 GDP는 2만불을 조금 넘는 정도이며, 인구는 1,100만이다(그리스의 전반적 경제 상황은 http://www.tradingeconomics.com/greece/government-spending 참조). 물론 지금 그리스 경제가 롤러코스트를 타고 있기 때문에 이러한 모든 수치는 급변하고 있다. 그래서 세세한 수치는 자료의 성격과 작성된 시점에 따라 조금씩, 때로는 아주 많이 달라진다는 점을 염두에 두어야 한다.

IMF와 독일 등 채권자들을 대변하는 트로이카 입장에서는 이미 빌려간 돈만 그리스의 1년 예산의 세배인 3백 조인데, 64조를 더 빌려줘야 할 입장이니, 빌려간 돈과 빌려갈 돈을 어떻게 갚을 계획인지를 밝히라는 것이고, 그러기 위해서라도 자신들의 제안을 따르라는 것이다. 그리스는 이 트로이카의 제안을 받을 것인가 말 것인가를 두고 국민투표를 한 것이고, 그리스 국민들은 트로이카의 제안을 거부하기로 결정하였다. 그럼에도 불구하고 이 제안을 거부하자는 운동을 주도하던 그리스 총리는 애초의 제안보다 더 가혹한 트로이카의 안을 결국 받아들이는 굴욕적인 협상에 사인을 하게 된다.

그리스는 1908년대 초반만 해도 실질적인 1인당 국민소득이 세계 1, 2위를 다투던 잘사는 나라였다. 이런 그리스가 왜 이 모양으로 전락한 것일까? 그리스가 망한 이유를 알아보기 위해서는 그리스의 채권국가들인 소위 트로이카의 요구 사항이 무엇인지를 살펴 보는 것이 빠르다.

트로이카가 제안한 것이 도대체 무엇이길래 그리스 정부가 국민투표까지 하면서 거부 의사를 표명하는 것일까? 트로이카는 그리스가 자신들에게 빌려간 돈을 제대로 갚기를 원한다. 당연히 그리스 정부에 돈을 아껴 쓸 것을 요구한다. 세금은 더 걷고 정부 지출은 줄여, 돈을 모으고 이 돈으로 빌린 돈을 갚으라는 것이 트로이카의 일관된 입장이다. 당연히 긴축재정을 요구한다.

그런데 이 긴축재정을 달성하기 위해 구체적으로 요구하는 사항을 보면 사실 당혹스럽다. 핵심적인 요구사항이 공무원 수를 줄이고 이들에 대한 연금과 국민연금으로 지불되는 비용을 줄이라는 것이다. 국내총생산의 1.75배, 1년 국가 예산의 3배 이상을 빚진 나라한테 이를 갚기 위해 공무원 수를 줄이고 연금 지출을 줄이라는 것이 핵심 요구사항이라는 것이 가당키나 한가. 이래서야 그 많은 빚을 다 갚을 수는 있을까? 1997년 외환위기를 겪는 우리에게

● 좌파기득권과 진보의 몰락

IMF가 요구한 것에 비하면 택도 없어 보인다. 우리처럼 알짜 기업도 팔고 민간을 포함하는 범국가적 차원의 과감한 구조조정을 요구하는 것도 아니다. 트로이카가 혹시 빌려 준 돈을 떼일까봐 잠시 이성을 상실한 것이 아닐까?

그런데 내막을 들여다 보면 트로이카가 그리스에 왜 이런 공무원 수를 줄이라는 요구를 했는지 이해가 된다. 그리스는 2010년 이전까지는 공무원이 몇 명인지에 대한 제대로 된 공식적인 통계도 없었다. 2010년 처음으로 집계한 공식 발표에 의하면 대략 77만 명이다. 최근에는 85만 명, 공식적 통계에는 잡히지 않지만 정치권 낙하산으로 비정규직 공무원으로 일하는 사람까지 합치면 110만 명이라는 보도가 있다.

일단 계산의 편의를 위해 100만 명이라고 하고 논의를 시작해보자. 그리스 전체 인구는 1천100만 명 정도이다. 15세에서 65세까지 생산가능인구는 대략 500만 명이 조금 넘는다. 실업율 25%을 넣고 추정하면 취업자는 375만 명이다. 이 추정치는 OECD가 집계하여 발표하는 수치와 거의 일치한다.

375만 근로자 중 100만 명이 공무원이라면 대략 넷 중 하나가 공무원인 셈이다. 다섯 중 한 명이다, 세 명 중 한명이다, 다양한 추정치가 제시되고 있지만 대략 이 중간 어디쯤이라는 것에는 다들 동의한다. 이러한 차이는 최근의 급격한 실업율 증가가 그 원인이기도 하지만, 여전히 공무원 숫자를 정확하게 파악하지 못하고 있기 때문이다.

그리스는 우리나라와 마찬가지로 지방정부까지 각급 단위에서 정부의 ○○ 위원회가 수백 개에 달하고, 여기에 정규직은 아니지만 그렇다고 보수가 낮지는 않은 ○○ 위원들이 차고 넘친다. 정치권이 선거 때 자기들을 도운 사람들에 대한 보답 차원에서 낙하산으로 내려 보낸 사람들인데, 이들의 임금은 공무원 인건비가 아니라 사업비 또는 정책개발비로 책정되어 있어 파악이 쉽지 않다.

우리나라는 5천만 인구에 공무원 100만 명이다. 인구 수에서는 우리의 1/5에 불과한 나라가 공무원 수는 우리와 대동소이하다. 게다가 이들의 월급과 연금 혜택은 타의 추종을 불허한다. 전체 취업자 375만 명 중 100만 명이 공무원이면, 나머지 275만 명이 이들을 부양하는 꼴이다. 그래서 세 명이 일해서 한 명을 부양하는 국가가 된 것인데, 실제로 월급 차이까지 감안하면 두 명이 벌어서 공무원 한명을 먹여 살린다는 말까지 나오게 된 것이다. 이런 나라가 제대로 돌아갈 수 있겠는가.

공무원 숫자가 아무리 많다고 그들의 월급과 연금 때문에 나라가 망하겠느냐고? 공무원 월급이 전체 국가재정의 45%, GDP의 23%에 달하는데 안망하는 게 이상하지 않은가. 공무원 월급이 국가예산의 10%, GDP의 2% 남짓인 우리로서는 상상하지도 못할 규모이다. 6월 18일자 연합뉴스 기사이다.

치프라스는 독일 납세자들이 그리스인들의 임금, 연금, 공무원 등 특수직연금(이하 공무원 연금) 부담을 지고 있다는, 만연한 신화는 거

좌파기득권과 진보의 몰락

짓말이라고 일갈했다. 그는 임금, 연금, 공무원연금 지급 총액이 그리스 정부 예산의 우선지출 계정에서 75%를 차지한다는 계산은 잘못됐다며 국제채권단의 논거를 공박하면서 실상은 연금과 공무원연금이 30%를 점할 뿐 임금 지출 계정은 별도라고 설명했다.

치프라스는 공무원 임금, 공무원 연금, 그리고 국민 연금, 이 세 가지가 그리스 재정에서 차지하는 비중이 75%라는 사실 자체를 부정한 것은 아니다. 이 모두가 우선지출 계정에 속해 있는 것은 아니라는 말을 한 것이다. 국가재정의 40%에 달하는 공무원 연금은 우선지출 계정이 아니라 일반계정에 있다는 것을 부연 설명한 것이다.

공무원의 월급 비중이 왜 이렇게 높냐고? 세 명이 벌어서 한 명의 공무원을 먹여 살려야 하는 국가이다. 그것도 공무원은 고임금이고 먹여 살리는 나머지는 중하층 이하의 비정규직들이 다수다. 이들이 복지 혜택은 별로고 임금은 낮아서 장시간 노동해야 하는 주역들이다. 이들이 "그리스가 복지 때문에 망한 것이 아니다"는 주장을 본의 아니게 뒷받침 해주는 사람들이다.

75%의 국가 재정을 여기에 쓰면 다른 것은 어떻게 하느냐는 질문들이 있다. 대표적인 것이 국방비다. 그리스가 유럽에서 국방비를 많이 쓰는 나라에 속하긴 하지만 전체 예산에서 차지하는 비중은 5% 내외다. 위기 전에도 7%를 넘지 않았다. 물론 여기에도 공무원 월급이 포함되어 있다.

그리스도 우리나라와 마찬가지로 공무원은 월급말고도 별도의 연금계정이 운영된다. 이 혜택이 일반적인 독일 국민보다 훨씬 높다는 것이고, 그래서 메르켈 총리가 독일 국민들을 설득하기 어렵다는 말이 나오는 것이다. 독일인 입장에서, 나는 열심히 일하고 연금도 적은데, 나한테 돈을 빌려간 그리스 공무원들이 나보다 일도 하지 않으면서 더 두둑한 연금혜택을 받는다는데 누가 좋아하겠는가? 그러면서 빌린 돈을 다 갚을 수 없으니 깎아 달라며 안 들어주면 아예 안 갚을 수도 있다는 협박까지 곁들이기까지 한다. 그래서 '그리스의 복지 혜택이 독일보다 좋은 것은 아닌데요' 하는 사람들은 헛다리를 긁고 있는 것이다. 국민 전체적인 평균적 복지가 나쁘지는 않지만, 공무원들이 누리는 혜택과는 비교할 수 없을 정도로 낮다. 독일 국민들의 돈을 빌려가서 탕진한 탕아는 그래서 전체 그리스 국민들이 아니다. 그리스 공무원들이다. 물론 국민연금 혜택을 받는 그리스 국민들 중 그 덕을 본 사람들도 있지만, 그들이 주범은 아니라는 것이다.

정치권, 여기서는 그리스 민주화 이후 집권한 사회민주주의자들이 표를 얻기 위해 공무원들에게 월급과 연금 양 측면에서 어마어마한 혜택을 주었고(이것이 진정한 의미의 퍼주기이다), 명색이 사민주의자인데 공무원들만 챙기기는 뭣하지 않았을까? 그래서 국민들에게 조금의 콩고물을 나누어 준 정도이다. 그래서 여전히 주범은 공무원 월급과 연금이고, 국민연금은 그 하수인 정도라고 하는 게 맞다.

국가재정의 50% 이상을 공무원 월급과 연금에 쓰는 나라가 정상적으로 운영될 수 있겠는가. 그러나 일정 시점까지 버티는 것은 가능하다. 첫째, 엄청난 빈익부 부익부로 버틴다. 그리스의 일인당 GDP는 2만 불 수준으로 우리와 큰 차이가 없다. 취업자 서너 명 중의 한 명이 공무원인 나라, 이들은 상대적으로 높은 월급과 임금, 거기다 부정부패로 생기는 부수입까지 감안하면 상당히 여유로운 생활을 하였음이 분명하다.

　　그 반대편에 중위소득자의 소득 절반에도 못미치는 생계비로 살아가는 빈곤층이 있다. 그 비율이 30%이다. '그리스가 복지로 망한 게 아니다'고 주장하는 사람들의 착각은 여기에서 기인한다. 이들 빈곤층은 복지혜택의 사각지대에 존재하고, 임금도 낮고, 당연히 노동시간도 길 것이다. 이들이 이와 관련한 전체 평균을 엄청 떨어트린 것이다.

　　왜 이런 공무원 천국이 되었느냐고? 이는 정치권과 공무원 기득권의 야합 때문이다. 공무원 숫자만 대략 100만 명, 직계가족만 합쳐도 200-300만이 넘는 공무원 유권자를 가진 나라에서 누가 감히 이들에게 대항하겠는가. 그리스 정치권은 누가 더 공무원에게 잘하나 하는 경쟁을 해온 셈이다.

　　사회적 지위도 평균 이상이고 월급과 복지 수준도 높은 공무원 기득권이 숫자도 많아지면 그 정치적 영향력은 어마어마해진다. 그 살아 있는 증거가 그리스이다. 여당이 "공무원의 열세번 째 월급, 한 달치를 보너스로 드리겠습니다." 하면 야당은 "그것 받고, 공무원이 죽어도 자식들이 연금을 받게 하겠습니다"라고 하는 식이다.

　그래서 퍼주기하는 국가에서 결국에는 모두가 행복해졌냐고? 빈곤층 30%, 실업율 25%, 청년실업 50%의 행복한(?) 나라가 되었다.

　한국의 보수언론들이 주장하듯, 그리스는 복지 때문에 망한 것이 아니다. 틀린 말은 아니지만 정확한 표현도 아니다. 공무원 기득권 때문에 망한 것이다. 공무원들의 높은 임금과 복지혜택을 채워주다가 재정이 파탄 난 것이고, 전국민적 복지는 그 떡고물 정도라고 보는 것이 맞다. 떡고물 치고는 큰 떡고물이지만 이를 주범이라고 할 수는 없다.

　이 점에서 한국의 경우는 그리스에 비하면 양반이다. 공무원이 차지하는 전체적인 비중이 그리스에 비해서는 택도 없이 적다. 실상 우리가 두려워 해야 하는 것은 공무원 조직의 이익집단화이다. 전국공무원 노조와 연대하고 있는 민주노총과 한국노총에 속한 대기업과 공기업 노조들까지 포함하면 한국 좌파기득권의 정치적 영향력은 이미 겨룰 자가 없을 정도이다.

　숫자로는 5만 명에 불과하지만, 전국적으로 잘 조직화된 약사들이나 어린이집 원장들도 두려워 하는 것이 한국의 정치권이다. 전국공무원 100만 명, 민주노총과 한국노총 조합원만 대충 합쳐도 200만 명이 넘는다. 이들의 직계가족만 포함해도 이미 정치

　　　　　　　• 좌파기득권과 진보의 몰락

적 영향력이 어마어마하게 성장하였다.

　　이들 좌파기득권 세력이 자신들의 경제적 이해관계만 대변하겠다고 작정하고, 이를 통해 정치권에 영향을 행사하겠다고 나서는 상황에서 이들과 맞서 싸워 보겠다는 배짱이 있는 정치세력이 한국에 있을까.

4.

좌파기득권의
정치적 영향력

우리하고는 직접적인 연관이 없는 그리스 사태를 길게 논의한 이유는 좌파기득권의 위험성을 설명하기 위해서이다. 한때 잘 나가던 그리스의 부도 사태는 특정한 기득권 집단의 영향력이 너무 커지고 정치권이 이에 제대로 대응하지 못하면 어떤 결과가 오는지를 단적으로 보여준다. 전체 국민 1천100만 명에 공무원 100만 명인 그리스와 인구 5천만 명의 대한민국을 직접 비교하는 것은 무리라고 생각할 수도 있다. 그러나 우리 사회에도 이미 이러한 문제들이 드러나고 있다.

우리 사회의 가장 대표적인 기득권 집단은 재벌 대기업을 중심으로 한 우파기득권집단임이 분명하다. 그럼에도 불구하고 이들의 정치적 영향력은 그렇게 위력적이지는 않다. 그들이 가진 부를 정치적 영향력으로 전환시킬 가능성은 항상 남아 있다. 그러나

● 좌파기득권과 진보의 몰락

부의 전환이 그렇게 용이하지도 않고 국민들도 이에 대해 이미 잘 알고 있어 경각심을 늦추지 않고 있다. 반면 좌파기득권의 문제점에 대해서는 아직 제대로 된 논의조차 이루어지지 않고 있다.

먼저 앞에서 논의한 경제적 파괴력을 요약하고 시작하자. 한국은 소득 불평등이 가장 심한 국가 중 하나이다. 그 원인에 대해서도 이미 밝혔다. 재벌 대기업 등 상위 1%가 가져가는 몫도 너무 많다. 그러나 대한민국을 명실상부한 소득 불평등 국가로 만드는 것은 이들 상위 1%의 독식 때문만은 아니다.

소득 불평등뿐만이 아니다. 이들 중 공무원 집단은 연금으로 가져가는 몫이 너무 커서 국가재정에 엄청난 부담 요인으로 작용하고 있다. 또한 소득 불평등과 불공정만이 문제되는 것은 아니다. 그 압권은 이중적 노동시장에 있다. 생산성 수준을 넘은 고임금과 정년보장은 기업들로 하여금 투자를 회피하고 정규직 채용을 꺼리게 하는 가장 중요한 원인으로 작용하고 있다.

본사 정규직 채용이 지니는 이러한 위험 부담을 줄이기 위해 기업은 투자를 회피하거나 투자 하더라도 해외에서의 출구를 찾고 있다. 국내에 투자 하더라도 본사 정규직 보다는 하청업체를 통한 아웃소싱과 비정규직 채용을 선호한다. 당연히 청년들이 선호하는 양질의 일자리, 즉 본사 정규직 일자리는 줄어들 수밖에 없고, 그 자리에는 하청업체의 정규직이거나 비정규직, 88만원 세대가 있다.

이렇듯 기업의 국제경쟁력을 떨어뜨리고 양질의 일자리를 사라지게 하는 주범 중의 하나가 이중적 노동시장이다. 상황이 이러함에도 불구하고 정부는 물론 여야 정치권도 이중적 노동시장 개혁에 머뭇거리고 있다. 왜일까? 이는 정부의 노동개혁에 의해 피해를 감수해야 하는 직접적인 이해당사자, 즉 좌파기득권의 정치적 영향력을 두려워하기 때문이다. 이들의 정치적 영향력에 직접적으로 놓여 있는 야당은 그 정도가 훨씬 심하지만, 여당이라고 예외는 아니다.

좌파기득권의 정치적 파괴력은 어디서 오는 걸까? 그 힘은 그리스 사례에서도 나타나듯이 이들의 숫자에서 온다. 재벌 대기업 300만, 공무원과 공기업 150만, 대략 잡아도 전체적으로 400-500만의 유권자가 좌파기득권 집단으로 분류된다. 국민여론을 주도하는 집단을 일반 국민과 구분하여 여론주도층이라고 한다. 이 400-500만의 좌파기득권은 우리 사회의 명실상부한 여론주도층이다. 재벌 대기업 정규직들도 그러하지만 이 점에서는 특히 공무원들과 지식인들의 영향력에 주목해야 한다.

100만 공무원은 우리 사회의 명실상부한 여론주도층이다. 그 중에서도 특히 지식인 집단으로 분류되는 대학교수와 교수들의 영향력이 그러하다. 언론인들의 영향력은 이들보다 크면 크지 작다고 할 수 없다. 일전에 1박 2일 촬영에 종사하는 300여 명의 스태프 중에 4-5명만이 정규직이라는 보도가 있었다. KBS, MBC, SBS

● 좌파기득권과 진보의 몰락

등 공중파 방송은 물론 종편의 핵심구성원들은 다 이들 좌파기득권집단에 속한다. 즉 신분은 노동자이지만 이중적 노동시장의 수혜를 입고 있는 자들이다.

전체 유권자는 4천만 명이다. 숫적으로는 1/10에 불과한 400-500만의 좌파기득권이 지니는 정치적 영향력은 그래서 절대적이다. 2012년 대선을 예로 들어보자. 이들 중 80% 정도인 400만 명 정도가 투표해 참여했다고 가정해 보자. 지난 대선은 108만표 차이로 승부가 갈렸다. 그런데 이제까지는 이중적 노동시장의 문제나 좌파기득권의 특권이 주요 쟁점으로 부상한 적이 없었다. 이런 상황에서 같은 좌파기득권 집단이라 하더라도 출신지역이나 정치적 성향, 연령 등에 따라 대략 200대 200으로 반분한 것으로 보인다. 즉, 나이가 많고 영남출신이거나 정치성향이 보수적인 유권자를 대략 200만이라 보고 이들은 새누리당을 지지한다고 보는 것이 합리적이다. 같은 논리로 호남 출신, 상대적으로 젊고 진보성향의 유권자는 새정치민주연합이나 여타 진보진영 정당을 지지할 가능성이 높다. 이제까지는 이들이 가진 기득권을 위협하는 정책들이 주요 쟁점으로 부상하지 않았기 때문에 이런 양분 상태가 유지될 수 있었다.

이제 상황이 바뀌고 있다. 박근혜 정부 들어 추진한 공무원연금 개혁과 정년연장과 연동한 임금피크제 도입 등 노동개혁 쟁점들은 모두 이들이 기존에 향유하던 특권을 축소하려는 시도들이다. 만약 이에 대한 논의가 본격화된다면 기존에 보수진영을 지지하던 200만 좌파기득권 표의 이탈 가능성도 덩달아 높아질 것이다. 지난 대선의 승패가 108만 표 차이에서 갈렸음을 감안하면 기존 보수 지지자 중 50만 표 정도가 이탈하여 진보 지지로 선회한다면 승부를 뒤집을 수도 있다는 것을 의미한다.

최악의 경우 정부 여당의 입장에서는 기존 지지자 200만 표의 이탈 가능성도 배제할 수 없다. 또한 이 200만 표는 단순한 숫자 이상의 의미를 지닌다. 이들은 한국의 여론주도층이다. 이들이 이탈한다면 보수진영과 새누리당은 궤멸적 타격을 입을 수도 있다

진보진영과 새정치민주연합의 경우로만 국한한다면 이들의 영향력은 거의 절대적이다. 전체 좌파기득권의 수는 400만 명에 달하지만 이들 중 절반인 200만 명이 진보 지지자라 해도 그 영향력을 과소평가할 수는 없다. 이들이 전국공무원 노조, 전국교직원 노조, 전국교수노조 등 여론주도층을 장악하고 있고, 그렇지 않다 하더라도 민주노총에 소속된 경제적으로 영향력이 있고 전국적으로 잘 조직되어 있어 정치적 영향력도 막강한 집단이다.

여기서 1987년 체제로 형성된 진보진영 선거연합이 어떻게 구성되어 있는가를 살펴볼 필요가 있다. 1987년 체제는 이전부터 축적되어 온 민주화 운동세력이 1987년 직선제 개헌을 성공시키면서 형성되었다. 민주화 운동의 뒤를 이은 것이 노동운동이다. 직선제 개헌으로 형성된 진보진영 선거연합은 자연스럽게 민주화 운동을 이끌어 왔던 세력들, 즉 DJ 중심의 호남, 학생운동을 주도한

소위 386들과 넥타이 부대들과 노동운동을 주도한 민주노총 등으로 형성되었고, 이후 정치적으로 진보적 성향을 가지는 2030 청년 세대가 결합하여 완성되었다.

결과적으로 민주노총, 전교조, 전공노 등 상위 10%에 속하는 좌파기득권, 호남, 그리고 2030 중심의 진보성향 유권자, 이 3대 축을 중심으로 진보진영 선거연합이 형성되었다. 전체적으로는 400-500만 명에 달하는 좌파기득권 세력이 모두 진보진영을 지지하는 것은 아니다. 앞서 살펴 보았듯이 이들 중 절반이 여전히 보수진영 지지자로 남아 있다는 점을 감안하면, 나머지 절반인 200만 명 정도가 진보진영에 속한 좌파기득권의 수로 볼 수 있다.

2012년 대선의 경우 진보진영의 문재인 후보가 얻은 총 득표수는 1천469만여 표다. 이 중 호남에서 얻은 표가 284만 표, 여기에 좌파기득권에서 200만 표를 얻었다고 가정해도 500만 표가 되지 않는다. 나머지 1천만 표는 어디서 나온 것일까? 이의 2/3가 2030에서 나온 것이다. 2030에서 문재인은 670만 표를 얻어 330만 표에 그친 박근혜를 340만 표 차이로 앞선다. 나머지 330여만 표가 소위 386등 진보성향 유권자에게서 나온 표이다.

문재인이 얻은 표 1천469만 표 중 좌파기득권이 점하는 비중은 많아야 14%를 넘지 않는다. 반면 2030의 670만 표는 45%가 넘는다. 현실이 이러함에도 불구하고 새정치민주연합이나 진보진영의 주도권은 민주노총 등 좌파기득권 세력이 쥐고 있다. 좌파기득권의 영향력은 진보진영의 패권 장악에 국한되지 않는다.

새누리당과 보수진영의 입장에서 문제를 살펴보자. 지난 대선에서 보수진영의 박근혜 후보가 승리하기는 하였지만 표 수로는 1천577만여 표에 그쳐 1천469만여 표의 문재인 후보에 비해 108만 표 앞선 정도이다. 좌파기득권 중 보수진영을 지지하는 유권자는 200여만 명으로 추산된다. 만약 보수진영이 노동개혁을 강력하게 추진하여 이들의 경제적 기득권을 침해할 가능성이 높아진다면 선거 결과는 어떻게 바뀔 것인가?

그간 보수진영을 지지하던 200만 중 1/4인 50만 명만 진보진영 지지로 선회한다면 이미 50대 50의 백중세로 돌아설 수밖에 없는 구도이다. 이런 연유로 박근혜 대통령이나 새누리당의 김무성 대표는 노동개혁의 목소리는 높이지만, 좌파기득권의 경제적 이해관계를 본질적으로 침해할 수 있는 개혁에 나서는 것을 주저하게 된다.

이것이 전체 400-500만 명에 불과한 좌파기득권의 정치적 파괴력이다. 진보진영 전체가 얻은 표 수의 14%에 불과하고 2030 세대가 기여한 몫의 1/3에도 미치지 못하지만, 이들은 이를 통해 진보진영의 정치적 패권을 쥐고 있다. 뿐만 아니라 진보와 보수의 진영 간 대결 구도에서는 이 400-500만 표, 더 구체적으로 보수진영을 지지하는 200여만 표를 통해 캐스팅보트 역할을 하고 있는 것이다. 이들은 가지고 있는 투표권만으로도 이러한 절대적 영향력을 행사하고 있는 것이다.

이들의 정치적 영향력은 여기에 그치지 않는다. 사실 표 자체가 가지고 있는 정치적 영향력은 그렇게 절대적이라고 할 수는 없다. 이것이 중요하다면 670만 표를 가지고 있는 2030의 영향력이 절대적이어야 하는데 현실은 그렇지 않다.

진보진영에 속한 정치인들은 보수진영과 벌이는 진영 간 대결 이전에 자기 진영의 후보로 선출되는 것이 먼저이다. 진보진영 내의 예비선거, 즉 경선 국면에서는 좌파기득권의 영향력은 압도적이게 된다. 누가 경선에 영향력을 미치는가? 당원으로 등록하고 당비를 내거나 후원할 수 있는 여력이 있는 사람들, 여론을 주도하고 있는 좌파기득권이 이 조건에 가장 잘 부합한다. 자기 한 몸 먹고 살기도 빠듯한 2030이 정치활동을 하면서 경선국면에서부터 영향력을 행사하기를 기대하는 것은 난망한 일이다.

●

좌파기득권의
정치적 파괴력은 어디서 오는 걸까?
그 힘은 그리스 사례에서도 나타나듯이
이들의 숫자에서 온다.
재벌 대기업 300만,
공무원과 공기업 150만,
대략 잡아도 전체적으로
400-500만의 유권자가
좌파기득권 집단으로 분류된다.

● 좌파기득권과 진보의 몰락

7장.

진보의 몰락

치러진 일련의 선거에서 새정치민주연합 등 야당과 진보진영의 선거참패가 반복되고 있다. 사실 이러한 야당과 진보진영의 참패는 2012년 대선 이후의 현상만도 아니다. 2012년 대선에서의 패배 자체도 그렇고, 대선 직전인 4월에 치러진 국회의원 선거에서도 새정연과 진보진영은 참담한 성적표를 받아 들게 된다.

　2012년 4월 총선, 12월의 대통령 선거와 이후 박근혜 정부 하에서 치러진 일련의 선거에서 진보진영의 선거 성적표를 보면 과히 진보의 몰락이라 부를 만하다. '야당의 패배'라 부르던, '진보의 몰락'이라 하던, 이 일련의 선거 패배는 이전까지 지속되어 온 한국정치의 기본특성과 견주어 보면 그 대비 효과가 더욱 뚜렷해진다.

　2012년 총선과 대선 이전까지의 한국 선거의 기본특징은 정권심판과 승자의 저주였다. 즉 지난 대통령 선거에서 다수의 지지를 받아 집권한 세력이 다음 대선에서 처절하게 몰락하거나 정권 중반에 실시되는 국회의원과 지방선거에서 야당에 참패하는 패턴을 반복하여 왔다.

　정권심판과 승자의 저주라는 것이 한국선거의 기본특징으로 자리 잡은 상황에서 진보진영의 연이은 패배는 이러한 한국선거의 기본 흐름이 바뀌고 있는 것이 아닌가 하는 의구심이 들게 한다. 이 현상을 중요하게 보는 이유는 이것이 일시적인 현상인가,

한국선거를 특징지었던 정치지형이 바뀌는 것인가에 따라 2016년 총선과 2017년 대선의 전망들이 달라질 수 있기 때문이다. 더 나아가 만약 이것이 1987년 이후 한국선거를 특징지었던 보수와 진보 양대 진영 간의 양자 대결구도가 더 이상 유의미하지 않을 수도 있다는 신호일 수도 있기 때문이다. 87년 체제는 선거에서 보수와 진보의 팽팽한 양자대결 구도를 형성했고, 이를 가능케 했던 것이 보수진영 선거연합과 진보진영 선거연합의 병립과 이들 간의 박빙구도 때문에 가능했기 때문이다.

1.

승자의 저주,
한국 선거의 기본 특징

　한국 선거의 기본 특징은 승자의 저주와 정권 심판이다. 지난 대통령 선거에서 다수의 지지를 받아 집권한 세력이 다음 대선에서 처절하게 몰락하거나 정권 중반에 실시되는 국회의원과 지방선거에서 야당에 참패하는 패턴을 반복하여 왔다.

　2002년에 노무현이나 권영길 진보진영 후보에게 투표했던 유권자들은 전부 1천297만 명이었다. 1천297만 대 1천144만, 진보진영이 150만 표를 더 얻었다. 진보진영인 노무현 정부의 5년 집권 후 치러진 17대 대선에서는 826만 대 1천505만, 진보진영이 679만 표 뒤진 참패였다. 전체 유권자가 266만 증가하였지만, 낮은 투표율로 인해 대략 유효 투표수는 95만 표 줄어든 상황이었다. 5년 전에 비해 보수진영은 361만 표를 늘린 반면, 진보진영은 5년 만에 471만 표가 줄어든 것이다. 5년 전 진보진영에 투표했던 유권자

　　　　　　　　● 좌파기득권과 진보의 몰락

471만 명이 투표장에 나오지 않았거나 보수 후보에게 표를 던진 것이다. 증가한 유권자 수를 감안하여 5년 전과 동일한 투표율에 동일한 득표율이라고 가정하고 비교해 보면, 진보진영은 5년 만에 자기 지지자 570만 명을 잃어버린 것이다. 어찌되었든 보수진영의 증가분 361만과 진보진영 감소분 471만을 더하면 5년 만에 832만 표가 변화를 보인 것이다.

2007년엔 보수진영 이명박 후보가 당선되었다. 그리고 5년 후 2012년 대선결과는 어땠을까? 보수진영은 5년 전의 1천505만 표에서 1천577만 표로 72만 표를 더 얻었다. 이는 5년 만에 471만 표를 잃어버린 노무현 정부에 비하면 양호한 성적이다. 그러나 여기서 간과해서 안될 사실이 있다. 이 5년 동안 총유권자 수가 증가하였고 투표율도 높아져, 전체 유효투표수가 685만 표 증가하였다는 사실이다. 전체 유효투표 증가분 685만 표에 비하면 보수진영

역대 대선 결과 요약: 16-18대 대통령 선거의 진영 간 표심 변화

	보수진영			진보진영		
	16대	17대	18대	16대	17대	18대
득표수	1,144만	1,505만	1,577만	1,297만	826만	1,469만
득표율	46.6%	63.7%	51.6%	53%	35%	48%
전체 유효투표수	2,456만	2,361만	3,046만	2,456만	2,361만	3,046만

의 증가분 72만 표는 10%를 갓 넘는 수준이다. 동일한 기간에 진보진영은 826만에서 1천469만 표로 643만 표 증가하였다. 증가한 열 중 아홉 명 이상이 진보진영에 표를 보탠 것이다. 실제 유효투표수의 증가를 감안하면 보수진영은 지지세를 늘렸다기보다는 감소한 것으로 보는 것이 타당하다. 보수진영의 증가분 72만, 진보진영 증가분 643만, 그 차이는 571만 표에 달한다. 이명박 정부 5년 동안 진보진영이 571만 표를 더 가져간 것이다.

　노무현 정부 5년 동안 진보진영 지지자가 대략 471만 명이 진보진영 지지에서 이탈하였고, 진영 간 변화로는 진보가 -832만 표다. 이명박 정부 5년 동안 진보진영은 보수진영에 비해 571만 표를 더 가져간다. 노무현 정부 5년의 통치는 지지자 471만 명의 이탈로 심판받으면서 정권을 내어준다. 이명박 정부 5년은 108만 표 차이로 정권재창출에는 성공하지만 보수진영 표의 증가분보다 상대가 증가시킨 표가 훨씬 많은, 즉 진보 지지표를 결집시켜 주었다. 그럼에도 불구하고 박근혜 후보가 당선되었다.

　이로부터 유추할 수 있는 한국 대통령 선거의 기본특징은 단순하다. 극적인 반전이다. 집권세력이 차기 대선에서 큰 표차로 뒤지거나, 상대진영에 압도적으로 많은 표를 몰아준다. 이 극적인 반전의 특징은 정권 심판이다.

　그렇다면 정권심판의 주역은 누구일까? 2007년은 진보진영의 참패는 보수유권자들의 결집 때문이 아니라 2002년 진보진영

　　　　　　　　● 좌파기득권과 진보의 몰락

에 투표했던 유권자들의 대규모 이탈에 기인한다. 나를 지지했던 유권자가 5년 동안의 국정운영에 실망하여 5년 후에는 기권하거나 상대진영 후보에 한 표를 던지는 방식이 정권 심판인 것이다. 5년 동안의 국정운영을 통해 우리 지지자들을 결집시키는 것이 아니라 지지자들을 이탈시켰다는 점에서 자기 파괴적 국정운영이자, 지지자에 의한 정권 심판인 것이다.

대선과 대선 사이에 치러지는 중간선거도 이러한 패턴에서 크게 벗어나지 않았다. 즉 대선에서 승리한 집권세력이 다음 국회의원 선거나 지방선거, 사이사이에 치러지는 재보궐 선거에서 패배하는 패턴이 반복되어 왔다.

2.

몰락하는
진보

그런데 이러한 승자의 저주 패턴이 지난 2012년 대통령 선거를 전후로 이완되거나 해체되는 경향으로 나타나고 있다. 이러한 현상은 특히 박근혜 정부 들어 심해지고 있다. 다른 말로 하면 당연히 이길 것으로 예상되던 진보진영의 선거 패배가 반복되고 있고, 그 격차도 더 벌어지는 새로운 패턴이 등장하고 있다. 이는 과히 진보의 몰락이라 부를 만한 정도이다.

이명박 정부에서 치러진 2010년 지방선거는 광역자치단체장 선거 개표 결과 민주당이 7곳, 한나라당이 6곳, 자유선진당이 1곳, 무소속이 2곳에서 승리하였다. 한나라당의 전통적인 지지기반으로 여겨졌던 강원도와 경상남도에서 여당이 야권 후보에게 패하는 등 많은 이변이 일어났다. 이 지역들에서의 패배는 한나라당이 선거에서의 패배를 인정하게 되는 결정적 계기가 되었다. 충남에서

● 좌파기득권과 진보의 몰락

의 안희정 지사의 당선도 이러한 사례로 분류될 수 있다.

　박근혜 정부에서 치러진 2014년 지방선거의 경우, 광역단체 장 선거에서는 9 대 8로 새정치민주연합(이하 '새정연')이 새누리당 을 앞서는 결과를 보였지만, 전체적으로 새누리당의 선전으로 평 가된다. 가장 중요하게는 2010년 지방선거에 비해 기초단체장에 서 새누리당의 선전과 새정연의 부진이 대비되었기 때문이다. 전 체적으로 226개의 자치단체장 자리가 걸린 선거에서 새누리당은 117 대 80으로 새정연을 압도한다. 4년 전인 2010년 선거에서 82 대 92로 앞섰던 것과 비교하면 새누리당은 35개를 늘린 반면, 새정 연은 12개가 줄어드는 참패였다.

　국회의원 의석 수 15개가 걸려 미니 총선이라고 불렸던 2014 년 7월의 재보궐선거에서도 새정연은 4 대 11로 참패한다. 영남 2 석, 호남 4석을 제외하고도 9개 의석이 걸려 있는 선거에서 새정 연은 호남 3석과 수도권에서 1석을 얻는 데 그치고 모두 새누리당 에 내어주고 만다. 호남 4석 중 1석도 새누리당의 이정현 후보에 게 내주었다.

　국회의원 선거는 아니지만 가장 최근에 치러진 재보궐선거 까지 새정연과 진보진영의 참패 행진은 이어지고 있다. 24곳에서 치러진 지난 10·28 재·보궐선거에서 새누리당은 압승을 거뒀다. 새누리당은 유일한 기초단체장 선거(경남 고성군수)와 광역의원 선 거구 9곳 중 7곳, 기초의원 선거구 14곳 중 7곳에서 승리했다. 새 정치민주연합은 인천 서구, 전남 함평의 광역의원 선거구 2곳에서만 승리했다. 부산 서구 등 기초의원 선거구 7곳에선 무소속 후보가 당선됐다.

2015년 4월 29일에 치러진 국회의원 선거구 네 곳의 재보궐 선거에서 진보진영은 참패했다. 일부 지역에서 치러진 재보궐 선거 결과에 불과할 뿐이라고 평가절하할 수도 있다. 진보진영의 패배에 후렴구처럼 붙는 재보궐 선거의 낮은 투표율 탓으로 돌리려는 시도도 감지된다. 투표율이 선거결과에 미치는 영향은 논란이 많은 주제이므로 별도의 분석을 요한다. 이 글에서는 진보진영의 참패 원인을 재보궐 선거의 낮은 투표율에서 찾는 주장들에 대한 반증을 제시하는 선에서 매듭짓고자 한다.

이명박 정부 시대인 2009년 10월 28일 치러진 다섯 곳의 국회의원 재보궐 선거에서 민주당은 3석을 얻어 승리하였다. 당시 한나라당은 경남 양산의 박희태, 강원 강릉의 권성동 두 후보가 승리하였는데, 두 곳 모두 전통적인 보수 우세지역이었다.

반면 민주당 3석은 경기 수원의 이찬열, 안산의 김영환, 충북 증평의 정범구의 승리였다. 이중 안산을 제외한 두 곳 또한 전통적으로 보수가 강한 곳이고, 표심의 향배를 보여주는 중부권에 속한 곳이라, 전체적으로는 진보진영의 압승으로 평가되었다. 또한 2011년 성남 분당에서의 손학규의 승리도 재보궐 선거를 통해 이루어진 것이다.

2012년 대선을 전후로 승자의 저주라는 한국선거의 기본특

　　　　　　　● 좌파기득권과 진보의 몰락

징이 나타나지 않고 연이은 진보진영의 선거패배를 어떻게 설명할 수 있을까? 이를 위해 먼저 승자의 저주가 나타나게 된 근본이유를 살펴보아야 한다. 왜 대선에서 승리한 진영이 차기 선거에서는 크게 지거나 지지자들을 잃게 된 것일까?

승자의 저주가 발생한 근저에는 국민들의 지지를 받지 못한 집권세력의 국정운영이 놓여 있다. 아래는 노무현 정부와 이명박 정부의 5년 집권기간 동안의 대통령 국정운영에 대한 지지율을 표로 나타낸 것이다.

특정 정부에 대한 국민들의 평가를 가장 잘 반영하는 지표가 〈대통령의 국정운영에 대한 평가〉, 간단하게 국정운영 지지율이다. 역대 대통령 국정운영 지지율을 조사해온 한국갤럽 조사결과에 따르면, 집권 1년차 1분기에만 60%대의 지지율을 보이던 노무

노무현, 이명박 정부의 국정운영 지지율 비교

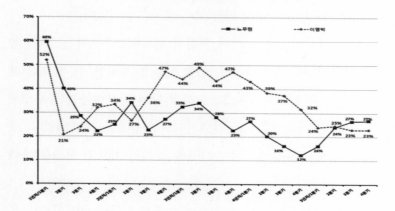

현 정부는 2분기에는 40%로 떨어지고, 이후 이를 회복하지 못하고 임기를 마친다. 5년 임기 평균지지율은 27%을 기록했다.

집권 기간 평균 국정운영 지지율 27%는 무엇을 의미하는가? 노무현 후보는 2002년 대선에서 단독으로 48.9%를 획득하여 당선되었다. 투표에 참여한 유권자의 과반의 지지를 받아 당선된 것이다. 국정운영 평균지지율 27%는 전체 국민 네 명 중 한 명만 대통령이 국정운영을 잘하고 있다고 긍정적으로 평가한다는 것을 의미한다.

노무현 후보를 선택한 사람과 그렇지 않은 사람을 50 대 50이라고 하였을 때, 선택하지 않은 절반 모두가 부정적으로 평가할 뿐만 아니라, 선택한 절반 중에서도 그 절반만이 긍정적으로 평가하는 것을 의미한다. 즉 2002년 대선에서 노무현을 차기 대통령으로 선택한 사람들 중 절반은 대통령으로서 노무현은 국정운영을 잘못하고 있다고 평가했다는 것을 의미한다.

노무현 정부에 대한 비판은 독선과 오만으로 집약된다. 대표적인 것이 소위 4대 개혁입법이고 코드인사였다. 코드인사라는 것은 그 사람의 자질이나 능력이 아니라 정권과 가깝거나 이념적 색채가 유사한 사람들만을 중용한다는 의미이다.

대통령 국정운영에 대한 지지율 면에서 노무현 정부에 비해서는 양호하지만 보수진영의 이명박 정부도 긍정적인 평가를 받지는 못했다. 대선에서 친서민 중도실용을 내걸고 당선된 이명박 대통령은 집권하자마자 위기를 맞게 된다. 광우병 파동이 그 시발

점이 되지만, 이것만이 문제는 아니었다. 소위 강부자, 고소영으로 통칭되는 국정운영의 보수화와 코드인사가 문제가 된다. 이 점에서 그 방향은 다르지만 노무현과 이명박 정부가 임기 초반 위기에 직면한 원인은 동일하다. 노무현 정부의 독선적 국정운영, 이명박 정부의 일방적 국정운영이 민심의 반발을 부른 것이다.

대통령 지지율의 추락을 주도하는 것은 지난 대선에서 자신에게 투표하였던 중도층의 이탈이다. 노무현 대통령을 찍지 않았던 사람들은 애초부터 국정운영에 부정적인 입장을 견지하고 있었다. 그래서 초반의 50%대의 지지율은 대선에서 자기를 찍었던 유권자들의 지지에 의해 가능한 것이고, 중도층이 떠나자 과반 지지율이 무너진 것이다.

이 점에서는 이명박 정부도 마찬가지이다. 이명박 후보 본인의 지지율은 50%를 약간 밑도는 수준이었지만, 같은 보수진영의 이회창 후보가 얻은 15%까지 합하면 보수진영 후보에 대한 지지율 65%를 안고 출범한 셈인데, 이명박 정부 5년 동안 평균 지지율은 35%였다. 이는 범보수진영을 지지하던 보수와 중도유권자 65% 중 거의 절반이 이탈한 것이고 이들 대부분의 이념성향은 중도로 판단된다. 즉 대선에서 이명박에게 한 표를 던졌던 중도유권자들의 이탈이 이명박 정부 지지율 추락의 일차적 원인인 것이다.

3.

진보의 몰락과
선거연합의 해체

한국 선거의 기본특징이 승자의 저주라는 점을 감안하면 박근혜 정부에서 치러진 일련의 선거에서, 집권한 보수진영이 아니라 진보진영이 참패하는 현상은 특이하다. 그렇다고 박근혜 정부가 국민 다수의 지지를 받고 있는 것도 아니고 국정운영을 잘하고 있다는 평가를 받는 것도 아니다. 집권 초반부터 시작된 잇따른 인사 실패, 세월호 참사 등 그 어느 정부에 비해 국민의 신뢰를 잃은 메카톤급 이슈들도 적지 않았다. 그래서 박근혜 정부에서의 진보의 몰락은 특이한 현상임에는 분명하다. 특히 집권세력이 잘하고 있지도 않은 상황에서도 승자의 저주라는 한국선거의 기본특징을 무력화시킬 정도의 극단적인 현상이라면 이의 저변에 본질적인 지형의 변화가 일어나고 있는 것이다.

●좌파기득권과 진보의 몰락

진보진영이 2012년 대선 전후에 치루어진 일련의 선거에서 패배하고 있는, 즉 진보의 몰락이라는 이 현상의 배후에는 진보진영 선거연합의 붕괴가 있다. 즉 선거연합의 붕괴가 본질이고, 진보의 몰락은 이 본질이 드러난 현상에 불과하다는 것이다. 좌파기득권, 호남, 2030 주축의 진보성향 유권자로 구성된 진보연합을 정치적으로 대변하고 있는 것이 새정연과 여타 진보정당들이다.

선거의 승패는 선거연합에 달려 있다. 2002년 대선을 전후로 보수와 진보라는 양대 이념진영으로 정치지형이 재편되었다. 우파기득권, 이념적 보수, 그리고 영남이 보수진영 선거연합의 3대 축이다. 그 맞은편에 좌파기득권, 호남, 진보성향 유권자로 구성된 진보진영 선거연합이 자리 잡았는데, 진보 성향 유권자의 주축은 2030이다.

진보진영의 선거 패배가 일회성으로 그치지 않고 지속적으로 반복되고 있다면 이는 구조적인 문제, 즉 선거연합의 해체 또는 충성심 이완에 기인할 가능성이 가장 높다. 왜 진보진영 선거연합은 붕괴하고 있는가? 이는 선거연합에 속한 주요 세력들 간의 이해관계 충돌과 대립의 심화에 기인한다. 진보연합이 구성된 2002년 이후 새정연 등 진보정치세력은 좌파기득권의 이해를 일방적으로 대변하여 왔다. 근래 들어 이러한 경향이 더욱 노골화되고 있다. 전국적 조직인 민주노총, 전교조와 전국공무원노조가 좌파 기득권의 삼두마차인데 새정연이나 진보정당은 이들의 행태에 대해 한 번도 비판적인 목소리를 낸 적이 없다. 우파기득권과 대립할 경우에는 그럴 수도 있지만, 심지어 일반국민과의 대립, 2030 세대와의 이해관계가 충돌하는 경우에도 일방적인 좌파기득권 편들기를 멈춘 적이 없다. 특히 주목할 것은 공공부문 좌파기득권의 행태와 이들에 대한 진보진영의 대응이다.

민간기업에 속하는 현대차 노조는 그들의 경영주인 현대차 그룹과 대립한다. 그러나 전교조, 전공노 같은 공무원들의 고용주는 정부와 국민이다. 민주노총에 속한 다수의 공기업들도 마찬가지이다. 박근혜 정부 출범 이후 경제분야의 최대현안이었던 공무원 연금 개혁, 공기업 개혁과 노동시장 구조개선이 이에 속하는 쟁점들이다.

국민연금과 공무원연금 개혁도 그러하지만, 노동시장 구조개혁, 특히 정규직들의 정년연장은 좌파기득권과 2030 청년세대의 경제적 이해관계가 직접 충돌하는 영역이다. 한국의 좌파기득권은 그 대상이 대기업이든, 국민이든, 정부든, 자신들의 경제적 이해관계가 걸리면 물러서는 법이 없다. 하다못해 극심한 취업난에 허덕이는 88만원 세대와 이해관계가 충돌해도 마찬가지이다. 그래서 정년연장이라는 꿀단지는 받아 챙기면서도, 임금피크제는 결사반대 한다는 것 아닌가.

하청업체와 비정규직을 착취할 때는 철저한 공범관계이면서도, 자신들의 이해관계가 충돌할 때는 한치의 양보도 없는 극단적 대결을 반복하는 좌우기득권으로 인해 양질의 일자리는 사라지고, 비정규직은 늘어만 가고, 청년들의 취업장벽은 높아만 간다.

　　　　　　　　　● 좌파기득권과 진보의 몰락

진보의 몰락은 이러한 진보진영 선거연합의 주축인 좌파기득권과 2030세대의 경제적 이해관계의 충돌에 뿌리를 두고 있다. 특히 주목할 것은 좌파기득권과 88만원 세대라고 불리는 2030의 충돌이다. 물론 호남도 좌파기득권과 충돌한다. 좌파기득권의 이해관계가 2030과 충돌하는 쟁점들에서 호남인들도 여타 다른 지역 국민들과 의견이 다르지 않다. 호남민들도 현대차 노조의 행태, 민주노총과 전공노의 이기적인 모습에 부정적이기는 마찬가지라는 의미이다.

좌파기득권에 대한 호남인들의 불만은 새정연과 진보진영에 대한 충성심 약화로 이어진다. 친노-386의 독주와 이 과정에서의 호남 소외라는 정치적 외양을 띠고 표출되고 있다. 진보연합 삼각축 중 하나인 호남의 불만과 이탈만으로도 진보진영은 극복하기 어려운 타격을 입고 있다.

전체 유권자 4천만 명 중 영남은 그 1/4인 1천만 명 정도이고, 호남은 1/10인 400만 명을 갓 넘는 수준이다. 유권자 전체에서 각 지역이 점하는 비중은 절대적이지는 않다. 각 지역에서의 득표율이 점하는 비중도 마찬가지로 절대적이라고 하기에는 상당히 부족한 수준이다. 보수진영의 박근혜는 전체 1천500만 표 중 560만 표를 영남에서 얻었다. 진보진영 문재인은 1천410만 표 중 284만 표를 호남에서 얻었다.

영남 유권자가 1천만에 달하는 반면 호남은 400만을 갓 넘는 수준이라고 진영 간 대결에서 두 지역의 영향력에 큰 차이가 있다고 생각하면 착각이다. 호남의 문재인 득표율은 90%를 넘었다. 반면 영남은 그 규모는 호남을 압도하지만, 영남에서의 박근혜 득표율은 호남에서의 문재인과 같은 일방적인 우위를 보이지는 못했다. 대략 대구·경북에서는 80%, 부산·울산·경남에서는 60%의 득표율을 보였다. 나머지 20%와 40%는 문재인이 가져갔다. 결과적으로 영·호남을 합쳐 박근혜는 597만 표, 문재인은 535만 표를 득표하여 이 두 지역에서의 양자 간 차이는 62만 표였다.

400만 남짓한 호남에서의 압도적인 지지로 새정연은 1천만의 영남에 기반한 새누리당과 대등한 승부를 펼칠 수 있었다. 호남의 이탈도 이탈이지만 사실 더 중요한 것은 이러한 호남 민심이 북상하여 수도권 거주 호남 출신 유권자에게 영향을 주는 상황이라는 것이다.

서울의 경우 호남 출신 유권자가 전체의 20-30%를 점하고 있다. 이들 중 1/5 정도인 5% 정도만 이탈한다 해도 새정연에는 궤멸적인 타격이 될 것이다. 동시에 기존 진보진영을 지지하던 일부 청년층들의 충성도가 약화되면 이 또한 기존 진보지지층의 투표율 하락으로 이어지고 당연히 진보 지지율 하락으로 귀결될 것이다.

아직은 호남만큼 드러나고 있지는 않지만, 막상 진보진영이 더 걱정해야 하는 것은 2030의 이탈이다. 2030이 이탈한다면 선거에 미치는 영향력은 최소한 호남의 두 배 이상이다. 2012년 대선에서 문재인 후보가 득표한 총 수는 1천469만 표였다. 이중 호남에서

215

● 좌파기득권과 진보의 몰락

얻은 표는 284만 표로 전체의 20%에 못미친다.

반면 2030에서 얻은 표는 670만 표로, 문재인 후보 전체 득표수의 45%에 달한다. 당시 방송3사의 출구조사에 의하면, 투표에 참여한 1천만 명의 2030 중 33%가 박근혜에게, 이의 두 배가 넘는 67%가 문재인에게 투표했다. 대략 330만 표에 그친 박근혜에 비해 670만 표를 얻은 문재인이 340만 표를 더 얻은 것이다.

2030은 문재인이 얻은 전체 표의 과반에 육박하는 670만 표를 몰아주었고, 이 규모는 호남 유권자가 문재인에게 준 284만 표의 두 배 이상이다. 따라서 진보연합 득표의 과반수를 점하는 2030이 이탈한다면 진보진영의 정치적 미래는 없는 것이다.

좌파기득권과 경제적 이해관계가 충돌한다고 하더라도 2030이 일시에 진보진영에서 이탈하여 보수 지지로 선회할 가능성은 높지 않다. 그러나 진보진영을 지지하던 67% 중 일부, 예를 들어 네 명 중 한 명꼴로만 이탈한다고 해도 167만 표이다. 이들이 보수 지지로 전향하지 않고, 다만 진보 지지에서 기권으로만 전환한다 하더라도, 지난 대선에서 문재인과 박근혜의 표차는 275만 표 차이로 벌어질 것이다.

좌파기득권과 2030의 경제적 이해관계가 계속 충돌하고, 새정연과 진보진영의 일방적 좌파기득권 지지가 지속된다면, 2030 전체는 아니더라도 이들 중 일부의 이탈은 막을 수 없는 현실이 될 것이다.

이상의 논의를 요약하면 다음과 같다. 1987년 체제로 형성된 진보진영 선거연합은 좌파기득권, 호남, 진보적 성향의 2030 세 축으로 구성되었다. 이 중 좌파기득권과 여타 두 축인 2030과 호남의 이해관계가 충돌하고 있다. 진보진영 선거연합을 대변하는 정치세력은 새정치민주연합과 진보계열 정당들이다.

이 새정치민주연합 등 정치적 대변세력의 주도권을 친노-386들이 쥐고 있는데, 이들은 기본적으로 좌파기득권의 경제적 이해관계를 일방적으로 대변하여 왔다. 이 경제적 이해관계를 둘러싸고 좌파기득권과 2030이 직접적으로 충돌하는데, 새정연은 이 갈등과 대립에서 좌파기득권의 이해관계만을 일방적으로 대변하여 2030을 소외시켜 왔다. 2030의 진보진영으로부터의 이탈현상은 이로부터 기인하는 구조적인 문제이다.

호남과 좌파기득권, 또는 호남과 새정연의 관계는 경제적인 동시에 정치적인 측면의 갈등도 존재한다. 2030과 달리 호남은 좌파기득권과 경제적 이해관계 면에서 직접적으로 충돌하지는 않는다. 그렇다고 양자의 이해관계가 일치하는 것도 아니다. 먼저 진보진영과 새정연의 주류인 친노-386과 호남의 정치적 이해관계 충돌이 본격화되고 있다. 진보의 몰락은 진보진영 선거연합을 구성하는 3대축 내부의 경제적, 정치적 이해관계의 충돌에 기인하는 구조적 문제이고, 쉽게 해소될 사안이 아니다.

4.

진보는 좌파기득권의 패권을
극복할 수 있는가?

정권심판과 승자의 저주라는 근본동력이 한국 선거에 미치던 영향력을 감안하면 최근 일련의 진보의 참패 현상은 1987년 이후 공고하게 유지되어 온 진보진영 선거연합의 해체 또는 충성심 이완 말고는 설명하기 어렵다. 즉, 경제영역에서의 좌파기득권과 이들의 경제적 이해관계를 정치영역에서 충실하게 대변하는 친노 386의 일방적 패권주의에 반발하는 호남과 진보성향 유권자, 특히 2030의 이탈로 선거연합의 균열이 시작된 것이다. 진보만의 균열은 보수 우위 체제로의 재편과 보수 패권의 공고화로 직결된다. 이것이 일련의 선거 참패가 진보진영에 보내는 마지막 경고일 수도 있는 이유이다.

왜 이런 일들이 박근혜 정부에서 유독 빈발하고 있는가를 구체적인 정황과 대비해가면서 살펴볼 필요가 있다. 그래야 진보의 몰락과 선거연합의 해체 원인이 상세하게 규명되고 이 과정에서 이를 어떻게 극복할 수 있는가의 대안도 찾아지기 때문이다.

이명박 정부와 박근혜 정부 사이에서 무엇이 달라졌을까? 진보진영 인사들이 즐겨 쓰는 이명박근혜라는 표현대로, 두 정부의 보수적 성격에는 변함이 없다. 그렇다고 박근혜 정부가 상대적으로 국정운영을 더 잘하고 있는 것도 아니다. 세월호 참사와 성완종 리스트 파문, 국정교과서 파동 등은 여권 입장에서는 악재 중의 악재이다. 그럼에도 불구하고 국민의 심판은 야당으로 향하고 있다.

어차피 우리나라 정치는 내가 잘해서 선거에서 이기는 것은 아니다. 상대방이 더 못해야 내가 이기는 게임을 하고 있는 것이다. 특히 박근혜 정부가 잘해서 여당이 이겼다고 생각하는 사람은 특별한 치료가 필요하다는 데 이견이 없을 것이다.

진보진영이 참패한 선거가 집중되어 있는 2015년의 정세를 살펴 보자. 박근혜 정부가 국정운영을 잘하고 있다고 생각하는 국민은 과반을 넘지 않는다. 40% 전후에서 등락을 거듭하고 있다는 점에서 이명박 정부와 크게 다를 바가 없다. 그래서 무엇이 달라졌을까의 질문은 '지난 정부에 비해 이 정부에서 진보진영이 더 잘못하고 있는 것이 무엇인가'로 바뀌어야 한다. 박근혜 정부의 국정 아젠다 중 딱 두 가지가 국민 다수의 지지를 받고 있다. 공무원연금 개혁과 노동시장 개혁이 그것이다. 이것이 진보진영이 민심을 얻지 못하고 있는 두 가지이고, 진보균열을 부른 두 가지이다.

앞서 밝혔듯이 이 두 가지도 박근혜 정부가 절대적인 의미에서 잘하고 있다는 것이 아니다. 국민여론의 측면에서 볼 때 진보진영, 새정연에 비해 잘하고 있다는 것이다. 이 두 가지 쟁점이 중요한 첫 번째 이유는 둘 다 유권자가 민감하게 반응하는 경제적 쟁점이라는 점에 있다. 진보진영은 민주주의와 같은 정치적 쟁점에서 강점을 보인다. 이것이 선거 쟁점이 되면 진보진영에 유리하다. 그래서 김대중, 노무현이라는 두 진보 정부가 탄생할 수 있었다. 그러나 이후 선거에서 정치적 쟁점의 영향력은 줄어들었다. 그 자리를 경제적 쟁점이 차지하였다.

대표적인 것이 4대 개혁입법 등 정치중심의 노무현 정부에 대한 반발로 경제와 중도실용을 내건 보수진영 이명박 후보의 2007년 대선 압승이다. 노무현 정부에서의 종합부동산세, 2008년 총선의 뉴타운, 2010년 지방선거에서의 무상급식이 경제적 쟁점에 속한다. 이는 돈의 문제, 즉 누구한테 세금을 걷어서 어디에 쓸 것인가에 대한 문제이다. 둘 다 해당선거의 승패를 가른 핵심적 쟁점이 되었고, 이를 내건 진영이 승리하였다.

2015년 선거의 경우, 여당에 악재인 성완종 리스트와 국정교과서는 정치적 쟁점이다. 이외 세월호 등 여타 쟁점에서도 보수진영에 유리한 것은 없었다. 공무원연금개혁과 노동개혁은 경제적 쟁점이었고, 진보진영은 이 경제적 쟁점들에서 국민여론상 열세에 몰렸다. 승패는 여기서 갈렸다. 진보진영이 수세에 몰렸던 공무원연금과 노동시장 개혁이라는 두 가지 쟁점이 미친 영향력은 이번 선거결과에만 국한되지 않았다. 진보진영을 근본부터 흔드는 강력한 메가톤급 이슈가 되었다. 진보진영과 새정연의 전략수정이 없다면 진보균열의 심화는 피할 수 없을 것이다.

진보진영은 경제영역의 좌파기득권, 지역적으로 호남, 정치이념상 진보성향 유권자, 이 세 그룹의 연합체이다. 거대한 지각이 하나의 큰 덩어리로 보이지만, 그 내부는 서로 다른 세 가지 판으로 구성되어 있는 것과 같은 이치이다. 진보진영이라는 큰 덩어리 아래 위의 3자가 동거하고 있다. 이 3자 연합체의 내부적 갈등, 즉 균열을 증폭하는 쟁점이 바로 위 두 가지인 것이다.

경제영역의 좌파기득권을 대표하는 것은 대기업과 공기업의 정규직 노조이다. 대표적으로 민주노총, 전국교직원노동조합, 전국공무원 노동조합 등을 들 수 있다. 이들 좌파기득권의 경제적 이해관계를 정치적으로 대변하는 것이 새정연의 친노-386그룹이다. 그래서 그들은 공무원 연금과 노동시장 개혁에 반대하거나 미적대고 있는 것이다. 이번 재보궐 선거에서 국민들이 진보진영을 심판한 가장 중요한 이유도 이것이다.

경제영역에서는 좌파기득권이, 정치영역에서는 이들과 일란성 쌍둥이인 친노-386 그룹이 진보진영의 패권을 장악하고 있다. 진보진영의 3각축 중 또 다른 두 축, 즉 호남과 진보성향 유권자는 좌파기득권과 경제적 이해관계가 일치하지 않는다. 물론 영남과 보수성향 유권자에 비해 좌파기득권에 대한 지지가 진보진영에서 상대적으로 높게 나오는 것도 사실이다. 그러나 말 그대로 상대적인 의미에서 그렇다.

● 좌파기득권과 진보의 몰락

5.

선거연합과
한국정치의 중장기 전망

　개별 선거는 해당 선거에 영향을 미치는 단기적 쟁점들과 후보 구도에 영향을 받지만, 중·장기적으로 선거의 승패를 좌우하는 것은 각 선거연합 내부의 결집도와 충성도이다. 앞서 살펴보았듯이 진보연합의 주축 중 하나인 호남 유권자의 다수는 좌파기득권에 대해 잘해야 양비론적이다. 재벌도 나쁘지만 민주노총과 공무원 노조가 잘한다고도 생각하지 않는다. 대기업과 공무원 노조만 편드는 친노-386에 대한 반감도 커지고 있다.

　물론 최근 선거의 경우, 호남 이탈의 직접적 원인은 정치영역에서 친노-386의 일방적 패권에 대한 반발과 견제 심리인 것처럼 보인다. 그러나 좌파기득권과 친노-386에 대한 인식은 서로 맞물려 있다. 그리고 호남은 이 두 가지에 모두 반발하고 있는 것이다. 반발의 정도에서는 차이가 있겠지만 여타의 진보성향 유권자도 이

점에서는 마찬가지이다.

　　진보진영의 3대축 중 패권을 장악한 좌파기득권 세력과 호남과 진보성향 유권자라는 나머지 두 축의 경제적 이해관계는 일치하지 않는다. 적대적으로 발전할 가능성도 적지 않다. 이 진보진영 내 균열구조가 현실화 될수록 진보진영의 몰락은 불가피하다. 최근 선거에서의 진보진영의 거듭된 참패는 그 서막에 불과할 수도 있다.

　　우리나라 유권자를 이념성향으로 분류하면 크게 보수와 진보가 각각 35%, 중도가 30% 정도이다. 단기적인 요동은 있었지만 그간 보수와 진보진영은 50 대 50의 팽팽한 균형상태를 유지해 왔다. 30%의 중도가 15 대 15로 보수와 진보진영에 거의 비슷한 비율로 갈렸기 때문이다. 보수진영에서는 균열 없이, 진보진영에서의 균열이 가시화 된다면 이 50 대 50의 균형상태는 깨지는 것이다. 균형상태가 깨지는 것은 각기 다른 두가지 요인 때문에 가능하다. 하나는 이제까지 살펴 본 두 개의 경쟁하는 선거연합 중 어느 한쪽만 해체되는 경우이다. 또 다른 하나는 지금까지 균형추 역할을 하던 중도유권자들이 어느 한 진영으로의 일방적인 쏠림 현상이 발생하는 경우이다.

　　양당체제가 지속된다면 진보 지지에서 이탈한 중도유권자에게 남은 선택은 보수진영으로 투항뿐이다. 그럴 경우 50 대 50의 균형상태가 깨지고, 65 대 35의 보수 패권시대로 한국의 정치 지형이 급격하게 재편될 가능성이 높다. 일본에서는 보수진영이 대략 60% 이상의 지지율을 안정적으로 유지하고 있다. 2차 세계대전 패전 이후 보수패권은 심각한 도전 없이 60여 년이 지난 지금까지도 일본정치를 좌지우지하고 있다.

중도층의 이탈로 인한 급격한 보수화의 또 다른 사례는 미국과 영국이다. 두 나라에서 1980년대를 풍미했던 보수혁명과 신자유주의 열풍이 그것이다. 당시 보수패권을 가능케 한 직접적 원인은 대기업과 공공부문 정규직 노조에 대한 국민적 반감이다. 구체적으로 이를 주도했던 집단은 이념성향상 중도였던 중산층들이다. 이 점에서 우리와 동일하다.

특히 주목할 것은 승자독식의 대통령제와 소선거구제로 인한 양당체제라는 점에서 미국의 사례는 우리와 동일하다. 진보진영의 장기집권 가능성이 점쳐지던 1970년대 말 상황에서 미국 중산층은 대기업 노조라는 좌파기득권에 대한 반발로 보수를 선택했다. 좌파기득권은 무능하고 유약했던 민주당의 카터행정부에서 극성기를 맞는다. 이 점에서 카터행정부는 우리의 노무현 정부와 유사하다. 이에 대한 반발이 미국에서는 레이건 정부, 한국에서는 이명박 정부의 탄생으로 이어진 것이다.

이명박 정부의 실정에도 불구하고 보수진영의 정권재창출이 가능했던 이유와 박근혜 정부 하에서 치러진 이번 재보궐 선거에서 진보진영의 참패도 같은 원인에 뿌리를 두고 있다. 좌파기득권과 이들만의 이해관계를 대변하는 친노-386에 대한 국민적 반감,

이 중심에 양 진영을 모두 싫어하는 중도 유권자들이 있다.

보수진영이 단일대오를 유지한 상태에서 진보진영만 균열한다면 그 결과는 자명하다. 보수패권의 공고화와 장기화이다. 국민적 불행이다. 그렇다면 보수진영은 단일대오인가? 아니다. 진보진영과 마찬가지로 보수진영도 3자 연합체다. 대기업 중심의 우파기득권에, 지역적으로 영남, 이념성향상 보수성향유권자가 결합되어 있다. 진보와 마찬가지로 보수진영도 거대한 땅덩어리 아래 3자 연합이라는 세가지 판들이 존재하는데, 이 판들이 이동하면서 서로 충돌하면 지진이 발생한다. 그때 땅덩어리 중 금이 간 부분, 즉 균열(cleavage)이 존재한다면, 이 틈으로 용암이 분출된다. 이것이 지축을 뒤흔드는 지진이다. 용암이 어디로 분출될지는 아무도 모른다. 다만 그 중 가장 약한 부분, 즉 금이 간 균열의 틈새로 비집고 나오는 것은 분명하다.

이명박에 이어 박근혜 정부까지 보수정부들의 국정운영에 대한 국민들의 평가는 혹독하다. 그럼에도 불구하고 왜 국민적 분노라는 용암이 보수진영이 아닌 진보진영을 뒤덮었을까?

양 진영간 가장 큰 차이점은 보수진영에서 우파기득권이 점하는 패권이 절대적이지는 않다는 점이다. 이에 비해 진보진영의 좌파기득권은 그 수가 만만치 않다. 공무원 100만, 민주노총 조직원 70만, 한국노총이 100만이다. 이들의 직계가족만 합쳐도 좌파기득권에서 속한 유권자의 총 수는 그 규모면에서도 400만 명에 불과한 호남을 압도한다.

보수진영의 우파기득권은 경제적인 면에서의 영향력은 압도적이지만, 선거에 영향력을 미치는 숫자는 그 다지 많지 않다. 1천만 영남 유권자가 이 점에서는 패권을 쥐고 있다. 보수진영을 지지한다는 점에서는 같지만, 영남 유권자들이 우파기득권자는 아니다. 그래서 보수진영에서도 균열의 가능성은 항상 내재되어 있다.

문제는 정치세력이다. 진보진영을 대표하는 정치세력인 친노-386은 좌파기득권을 충실히 대변한다. 돈과 표 모두에서 좌파기득권의 영향력이 압도적이어서 이로부터 자유롭지 않다. 따라서 독자적인 목소리를 낼 가능성이 매우 낮다. 반면 보수진영의 새누리당은 여차하면 우파기득권으로부터의 독립선언을 감행할 수 있다. 현재로서는 그럴 의지는 없을 수 있지만 보수진영 전체가 위기에 빠지면 그러한 선택을 할 가능성이 상대적으로 높고, 이 우파기득권으로부터의 독립선언이 성공할 가능성은 진보진영보다 매우 높다.

아군에게나 적군에게나 균열은 정치적으로 치명적인 급소이다. 아군의 균열을 최소화하고 적군의 틈을 공략하여 대오를 흐트러트릴 수 있는 진영이 승리한다. 정치나 선거도 마찬가지이다. 진영 내 기득권 세력의 양보와 자기희생을 통한 균열 최소화가 유일한 해법이다. 진영 내 갈등을 증폭하는 균열에 대한 치유 없이 상대를 이기는 것은 불가능하다.

실제로는 어찌되었든 이명박의 친서민 중도실용노선이나 박근혜의 경제민주화도 이러한 인식하에 가능했다. 이는 보수진영

내 우파기득권의 패권에 반감을 가진 보수와 중도성향 유권자의
마음을 얻기 위한 최선책이다. 물론 이를 통해 중립지대나 적군의
투항을 유도할 수도 있다. 아군의 단결력을 높이고 적군의 투항을
이끌어낸다면 백전백승이다.

마치며

1.

무엇을
바꾸어야 하는가?

이제까지 소득 불평등, 복지 불균형, 일자리 문제와 세금 등 우리 경제의 주요한 문제들과 그 원인과 살펴보았다. 재벌 대기업 등 우파기득권도 문제지만 이 점에서는 좌파기득권도 그 책임을 면할 길이 없다. 소득 불평등의 직접적 원인은 이중적 노동시장의 존재이다. 복지 등 여타 영역에서의 불평등 심화도 좌우 기득권 세력의 패권과 직결되어 있다.

이중적 노동시장이 지속, 강화되고 있는 이유는 다음 두 가지이다. 하나는 경제영역에서의 패권과 관련되어 있고, 또 다른 하나는 정치영역의 패권구조이다. 경제영역에서는 재벌 대기업 등 우파기득권과 민주노총 등으로 대표되는 좌파기득권의 패권이 공고하기 때문이다. 이들은 겉으로는 대립하는 것으로 보이지만 경제적 이해관계라는 점에서는 사실상 공생관계에 있다. 좌파기득권의 핵심 축 중 하나는 재벌 대기업의 정규직들이다. 이들은 재벌 대기업이라는 우파기득권이 중소 하청업체로부터 획득해 온 전리품을 나누는 공범관계에 있다.

우파기득권과 좌파기득권은 우파기득권이 획득해 온 전리품을 누가 더 많이 가져갈 것인가에 대해서는 이해관계의 다툼이 있다. 그래서 싸우는 것이고, 이것을 보면 적대적인 관계처럼 보인다. 그러나 좌우기득권 모두 양자에게 공히 이득이 되는 현재의 시스템을 바꿀 이유는 없다. 오히려 현재의 체제를 지속, 강화하는 것이 자신들의 이해관계에 부합한다.

겉으로는 싸우는 것처럼 보이고, 실제 이해관계의 충돌도 존재하지만, 본질적으로는 서로가 서로를 필요로 하는 관계를 적대적 공생관계라 부른다. 냉전시대 미국과 소련의 군부와 군산복합체들의 관계가 그러했고 7·45 남북공동성명을 발표하고 이를 각자의 권력 강화에 활용했던 남북의 관계가 그러했다.

정치영역에서도 마찬가지다. 87년 체제는 보수와 진보진영 간 또는 새누리당과 새정치민주연합 간 적대적 공생관계를 형성시켰다. 양 진영은 선거에서는 서로 더 많은 의석을 차지하려고 격하게 맞붙기도 하지만 둘 다 현재의 양당체제를 바꿀 생각은 없다. 선거에 이겨서 집권한다면 최선이지만 여의치 않을 경우에는 각자의 영지에서 패권을 유지하는 것이 차선책이다. 새누리당은 보수진영과 영남지역에서, 새정치민주연합은 진보진영과 호남지역에서의 패권을 공고화하는 것이 차선책이라는 것이다. 경제와 정

●마치며

치는 서로 분리된 영역이긴 하지만 양 영역에서 공히 적대적 공생 관계가 형성되어 있고, 이 두 영역에서의 적대적 공생은 긴밀하게 서로 연결되어 있다.

이해하기 쉬운 경제영역을 먼저 살펴보자. 우파기득권은 당연히 현재의 경제 시스템을 그대로 유지하는 것을 선호한다. 이를 통해 그들은 자식들에게 부를 대물림하면서 대한민국 상위 1%라는 경제적 지위를 유지할 수 있다. 재벌 대기업과 공기업 정규직, 공무원으로 구성된 좌파기득권은 어떠한가. 이들도 또한 현재의 경제체제가 자신들의 기득권을 유지하는 데 도움이 된다. 이 기득권을 통해 상위 1%만큼은 안되지만 상위 10%라는 자신들만의 성을 쌓고 특권을 지킬 수 있다.

소득도 상위 10%에 속하고 소위 해고가 일상사라는 신자유주의 시대에 자신들은 해고 무풍지대에 살고 있고, 거기다가 두둑한 연금혜택까지. 사실 쟁점화 되지 않고 있지만 유사한 일을 하는 국내의 다른 노동자들에 비해서도 그렇고, 외국의 유사한 직업군들에 비해서도 우리나라 좌파기득권은 상대적으로 높은 임금 혜택을 누리고 있다. 더 많이 가져갈 수 있다면 좋겠지만, 여의치 않을 경우 현재의 시스템이 제공하는 특권을 포기할 이유는 전혀 없는 것이다.

그런데 이들 좌우기득권이 자신들의 기득권을 지키는 방식이 특이하다. 서로 사이좋게 나누어 먹는 것처럼 보이는 것을 가장 꺼린다. 이게 더 대응하기 힘든 고급기술이다. 좌파기득권은 연일 우파기득권을 공격한다. 우파기득권도 마찬가지다. 입만 열면 귀족노조 때문에 기업가 노릇 못해 먹겠다고 아우성이다. 그러나 이 공존의 판 자체를 깨려 하지는 않는다.

이러한 결과물이, 즉 좌우기득권 세력의 이득을 보장해주는 적대적 공생관계의 최종 결과물이, 지금 우리가 사는 대한민국이다. 자본가 중에서는 재벌 대기업으로 부가 집중되고, 노동자 중에서는 대기업과 공공부문 정규직들의 배만 불리는 결과로 이어져 온 것이다. 그 결과가 상위 1%와 상위 10%로의 부의 집중이고, 이 불평등의 정도가 갈수록 더 심해지고 있는 것이다.

좌우기득권이 자신들의 배만 불리는 사이 이에 속하지 못한 하위 90%의 삶은 어떻게 변화되어 왔는가? 한달에 100만원도 못 버는 자영업자들이 도처에 널려 있고, 단군 이래 최고의 스펙이면서도 변변한 일자리 구하기가 하늘에서 별을 따는 것만큼이나 힘들어진 88만원 세대들이다. 한 국가의 부는 갑자기 크게 늘어나지 않는다. 지금과 같은 저성장 시대는 더욱 그러하다.

이를 극복할 수 있는 유일한 해법은 일단 지나치게 심한 소득 불평등을 완화하는 데서 찾아야 한다. 이중적 노동시장을 해체하는 것이 가장 중요한 킹핀이고, 이 외에도 부익부 빈익빈인 현재의 복지제도를 바꾸어야 한다. 가진 자들이 더 많이 가져가는 복지제도의 구조조정이 요구된다. 자기가 내야 할 몫만큼의 세금은 내도록 조세제도도 손을 보아야 한다. 여기까지는 다 아는 얘기이다.

그런데 이런 당연한 개혁을 하는 것이 생각만큼 쉽지 않다. 그 이유는 하위 90%를 대변하는 정치세력이 없기 때문이다. 경제영역에서의 좌우기득권은 정치영역에서도 자신들의 이해관계를 대변하는 패권구도를 복제해 두었다. 보수와 진보진영 간의 극단적 진영 대결이다. 우파기득권의 이해관계는 새누리당이 충실해 대변한다. 겉으로는 중산층과 서민의 정당을 내세우지만 새정치민주연합과 진보정당들은 실상은 좌파기득권의 충실한 대변자들에 불과하다. 2015년 올 한해에 발생한 국민연금과 공무원연금 개혁, 정년연장과 임금피크제와 쉬운 해고 등 노동개혁과 관련한 쟁점들에서 야당과 진보진영이 어떠한 입장을 취했는가, 그것이 누구의 이해를 대변하는가를 꼼꼼하게 따져 보면 쉽게 알 수 있는 일들이다.

　　정년연장과 임금피크제를 보자. 진보진영에서는 정년 연장이 모든 노동자들에게 도움이 되는 것처럼 선전하지만, 사실 이 정년연장의 혜택을 보는 것은 민주노총과 일부 한국노총에 소속된 상위 10% 재벌 대기업 정규직들에게만 국한되는 얘기이다. 나머지 하위 90%인 비정규직들, 정규직이라 하더라도 중소 하청업체에 다니거나, 강력한 노조의 보호가 없는 사무직들에게는 그림의 떡이다. 법으로 정해진 정년도 챙겨 먹지를 못하고 있는데, 3년이 더 연장된 정년을 어떻게 챙겨 먹을 수 있겠는가?
　　2015년에 국회를 통과한 정년연장법의 혜택을 보는 노동자들에 한해 임금피크제를 실시하자는 주장에 대한 진보진영의 반응도 이와 전혀 다를 것이 없다. 정년연장이라는 꿀 단지를 받은 상위 10%에 국한된 얘기이므로 임금피크제를 한다고 해도 하위 90%는 아무 관계가 없다. 사실이 그러함에도 불구하고 진보진영과 민주노총은 이것이 하위 10%에 속하는 중소하청업체 노동자들과 비정규직들에도 나쁜 영향을 주는 것처럼 선전하고 있다.

이러한 거짓 선전의 압권은 뭐니뭐니 해도 소위 쉬운 해고와 관련되어 있다. 모든 노동자들의 정년 보장! 이것이 모든 노동자들에게 적용된다면 이보다 더 이상적인 제도는 없다. 그러나 현실은 어떠한가? 실제로 우라나라에서 정년이 보장되는 사람들은 재벌 대기업에 속한 정규직, 공기업의 정규직, 그리고 공무원들뿐이다. 재벌 대기업 정규직들 중에서도 강력한 노조의 보호를 받는 일부 직군과 주로 생산현장에 근무하는 노동자들만 이러한 혜택을 받고 있다. 이들이 소득 상위 10%에 속하는 노동자들이고, 우연인지는 모르겠지만 우리나라 노조 지지율도 10% 정도에 불과하다.

하위 90%의 사람들도 노조를 만들고 집단적인 교섭권을 행사한다면 상위 10%가 누리는 수준의 혜택을 볼 수 있을까? 민주노총이 소위 상향평준화 주장은 현실적으로 불가능하다. 경제라는 것은 일정한 크기가 있는 파이 같은 것이다. 경제가 고도성장을 하지 않는 한 이 파이의 크기가 하루 아침에 늘어나지 않는다. 그렇다면 우리에게 남은 현실적인 해답은 각자가 먹은 몫이 최대한 공정하도록, 자신이 사회에 기여한 몫만큼 받는 사회가 되도록 노력하는 것이다.

　앞에서 살펴 보았듯이 상층과 하층 노동시장이 조선시대의 신분제처럼 굳어지면 이러한 시장의 공정성이나 효율성은 사라진다. 이에 대한 대응으로 기업가들은 한 번 고용하면 정년을 보장하고 높은 임금을 주어야 하는 본사 정규직 채용을 최대한 줄이면서, 하청업체로 돌리거나 비정규직 채용을 선호한다. 이도 여의치 않으면 생산공장을 해외로 돌린다. 그 결과는 청년들이 취업할 수 있는 양질의 일자리 감소이다.

　이렇게 이중적 노동시장이 형성된 상황에서 상층노동자들의 임금인상은 결국은 하청업체에 다니는 하층노동자들에게 부메랑이 돼서 돌아온다. 하층 노동자들의 임금은 더욱 낮아지고 근로여건은 악화된다. 이들에게 회사의 파산과 구조조정은 일상사가 된다. 그리고 하층 노동시장에서도 밀려난 자들에게 남겨진 것은 영세 자영업자로의 변신이다.

　자영업자들의 시장이 악화된 데는 상층 노동자들, 예를 들면 우리나라 공무원들의 임금 수준이 여타 선진국들에 비해서도 높다는 사실도 영향이 있다. 공무원 전체의 급여 총량이 대략 정해진 상황에서 공무원 한 명을 채용할 때 드는 비용이 높다면 이로 인해 전체 고용 가능한 공무원의 수는 줄어들 수밖에 없다. 이러한 현상은 공기업 정규직들과 재벌 대기업 정규직들도 마찬가지이다. 그 결과 같은 총량을 가지고 고용할 수 있는 노동자들의 수는 전체적으로 줄어들 수 밖에 없다. 그 결과가 과도한 자영업 창업이고, 그래서 자영업 시장이 경쟁이 지나치게 심한 레드 오션이 된 것이다.

우리 경제가 왜 이렇게 나빠질 수 밖에 없는가에 대한 원인 진단의 중심에 상위 10%의 특권을 지켜주는 이중적 노동시장이 있다. 그렇다면 이제 이를 어떻게 고칠 것인가를 고민해야 한다.

단순화하면 결국 정치가 나서서 고쳐야 할 문제들이다. 이중 적 노동시장이든, 복지와 세금문제든 국회의 입법으로 처리해야 할 문제들이고, 이런 입법권을 가진 것은 결국 정부와 국회이다. 엄밀하게 말하면 최종적 입법의 권한은 국회에 있다. 정부는 예산안과 법률안을 제출할 수는 있지만, 이를 최종적으로 승인하여 법률로 통과시킬 권한은 국회에 있다. 이 지점에서 지금까지 다루어 온 경제문제는 정치의 문제가 된다. 결국 그래서 정치경제다.

그렇다고 국회의원들에게 빨리 이러한 경제적 난제들을 해결하라고 소리만 지른다고 해결될 문제들이 아니다. 경제영역의 좌우기득권이 그렇듯이, 우리 사회의 힘이 있는 자들은 자신들의 이해관계를 알아서 스스로 포기하지 않는다. 더 강력한 힘에 의해서, 그나마 지금 가진 것도 지키지 못할 것이라는 압박을 받아야 조금이라도 양보하는 시늉이라도 한다.

● 마치며

2.

어떻게
바꾸어야 하는가?

시장법칙이 작동하는 경제영역에서는 1달러 1표가 법이다. 돈을 많이 가진 사람이 이기는 게임이다. 상위 10%가 전체 소득의 48%를 가지고 있다. 그 다음 10%, 즉 상위 20%가 점유한 부까지 감안하면 이들이 가진 힘을 시장에서 제어할 방도는 없다.

1인 1표가 작동하는 정치영역이 가진 것이 별로 없는 중산층과 서민들이 그나마 무엇이라도 바꾸어 볼 수 있는 영역이다. 투표로 새로운 법을 만들라고, 좌우기득권 세력이 독점하고 있는 부를 좀 더 공정하고 좀 더 효율적으로 나누라고 강제할 수 있는 것이 정치영역이다. 사회적 자원의 재분배가 정치의 고유영역이 된 이유도 여기에 있다.

경제영역이 전체 국민을 위해서 작동하지는 않는다 하더라도 최소한 다수 국민을 위한 경제가 되어야 한다. 상위 1% 또는 상위

10%만을 위한 경제에는 미래가 없다. 설혹 자본주의 시장경제가 본질적으로 소수 특권층으로 부의 이전과 집중화를 초래하는 속성이 있다 하더라도 그렇게 되지 않도록 이를 제도적으로 끊임없이 억제하고 견제하는 역할을 정치가 해야만 한다.

경제영역이 효율적이고 공정하게 작동하도록 하는 것, 즉 시장경제가 제대로 작동하도록 하는 것은 경제영역뿐만 아니라 정치의 책임과 역할이다. 시장경제로의 1차적 개입만으로는 문제가 해결되지 않는다. 이를 위해 조세와 복지라는 2차 사회적 자원의 재분배 과정을 통해 공정하고 건강한 공동체를 유지시키는 역할도 정치가 해야 한다.

한국 정치는 정치영역 고유의 이러한 기능을 제대로 못하고 있다. 더 나아가 한국정치는 경제영역의 좌우기득권 체제를 확대재생산하고 공고화하는 부정적인 역할을 하고 있다. 이는 일차적으로 정치영역이 보수와 진보 양진영의 적대적 공존체제에 지배되고 있기 때문이다. 그렇지 않은 측면도 일부 존재하지만 보수진영은 상위 1% 재벌 대기업의 경제적 이해관계를 대변한다.

재벌 대기업이 잘 되어야 한국경제 전체가 좋아진다는 소위 낙수론이 그 대표적인 경우이다. 아랫목이 뜨거워져야 윗목도 따뜻해진다는 논리가 오랫동안 보수진영의 경제논리였음이 이를 반증한다. 한때는 그런 때도 있었다. 그런데 더 이상 이런 기제가 작동하지 않는 시대가 되었음에도 불구하고 철 지난 옛 노래만 틀

●마치며

어대고 있으면 상위 1%만 대변한다는 소리를 듣게 되는 것이다.

다른 한편에서 진보진영은 결과적으로 국민 전체가 아니라 상위 10% 상층노동자들의 이해관계만을 일방적으로 대변해 왔다. 이들의 세계관은 자본가와 노동자의 이분법적 선악구도를 전제로 한다. 자본가는 강자인 동시에 나쁜 놈들이고, 그 반대편에 억압받고 착취당하는 사회적 약자인 노동자가 있는 것이다.

이런 이분법적 선악구도로 세상을 보면 자본가 편을 드는 것은 나쁜 짓이고, 노동자 편을 드는 것은 언제나 선하고 정의로운 일이 된다. 이들이 의도했던 그렇지 않던 간에 이들이 간과했던 사실이 하나 있다. 급속히 진행되어 온 노동의 분화이다. 노동의 분화는 자본의 분화와 동전의 양면처럼 함께 진행되어 왔다. 자본 분화의 결과로 원청업체인 재벌 대기업과 이의 중소 하청업체 사장을 다 같은 자본가라고 부를 수 없듯이, 노동자라고 다 같은 노동자가 아닌 세상이 되었다.

자영업자는 자본과 노동의 이분법으로는 설명하기 애매한 존재이다. 자기 자본을 투자하였다는 점에서 자본가인 동시에, 타인의 노동력을 고용하지 않고 자기 자신의 노동력만으로 버틴다는 점에서 노동자이기도 한 이중적 존재이다. 자본가와 노동자의 이중적 존재 또는 중간자적 존재로 자영업자가 규정되다 보니, 진보진영에 속한 사람들은 세상을 자본가, 그 다음이 자영업자, 최하층이 노동자라는 인식을 부지불식간에 가지게 되었다. 실제로는 '노동자가 되지 못한 자영업자' 또는 '이전의 노동자 지위에서 쫓겨난 자영업자'가 압도적인 게 현실인데 말이다.

　　보수진영은 상위 1% 우파기득권을 대변하고, 진보진영은 상위 10%의 좌파기득권을 대변한다. 이를 정치적으로 실현하는 것이 보수진영의 새누리당이고, 진보진영의 새정치민주연합과 정의당이다. 한국정치는 이들이 지배하는 양당체제이다. 제3의 목소리, 국민다수의 경제적 이해관계는 정치적으로 대변되지 못하고 있다. 경제영역의 좌우기득권이 정치영역에서도 확대·재생산되는 이유가 여기에 있다.

　　결국 경제영역의 좌우 기득권 체제를 극복하는 첫 걸음은 정치영역의 양당체제를 깨는데서 찾아야 한다. 논리적으로 최선의 방법은 좌우 기득권을 대변하지 않는 제3의 정당을 만들고, 이들로 하여금 상위 10%에 속하지 않는 다수 국민의 경제적 이해관계를 대변케 하는 것이고, 이를 통해 상위 10% 좌우기득권 체제를 깨는 것이다.

　　제3당 창당을 통한 양당체제 극복과 이를 통한 좌우 기득권 혁파는 이론적으로 가장 최선의 정답이지만 현재로서는 가능성이 높지 않다. 현실이 그러하다면 다른 대안을 찾아야 한다. 일단 각 당 내부에서 다른 목소리를 내는 중도정치인들의 세력화가 선행되어야 한다. 즉 보수진영에서는 상위 1%의 이해관계를 대변하는 주류들과는 다른 목소리를, 진보진영에서는 상위 10% 노동귀족들의 이해관계만을 일방적으로 대변하는 것과는 다른 목소리를 내는 세력들이 결집하여야 한다.

　　　　　　　　　　　　　　　　　　　● 마치며

이렇게 형성된 각당 내부의 중도정치그룹이 당의 경계를 넘어 국민 다수, 구체적으로는 상위 1%도 아닌, 그렇다고 상위 10%도 아닌 하위 90% 국민의 경제적 이해관계를 대변하는 초당파적 중도블럭을 형성하여 연대하여야 한다. 이런 흐름들이 양당의 적대적 공생만이 지배하는 현실에서 새로운 목소리를 내면서 사회적 대타협의 길을 모색해야 한다.

이런 노력들이 모여 2017년 대선에서는 좌우 기득권 체제를 어떻게 고칠 것인가? 사회적 대타협을 어떻게 이룰 것인가?가 선거운동의 최대 화두가 되도록 하여야 한다. 대통령 중심제인 대한민국에서 그나마 개혁 노력이 힘을 얻으려면 대통령 선거에서의 공약만한 것이 없다. 좌우 기득권 혁신과 사회적 대타협이 화두로 대두된다면 보수와 진보 양 진영이 공히 선거에서 승리하여 집권하기 위해서라도 기존의 입장만을 반복하지는 않을 것이다.

각당 내부의 중도적 정치세력을 결집하고 이들이 좌우 기득권 타파를 내걸고 강고한 양당체제에서 제3당처럼 캐스팅 보트를 행사하면서 사회적 대타협의 길을 열어가는 것이 현재로서는 최선의 길이다. 문제는 각당 내부의 중도적 정치세력이 여전히 미약하다는 사실이다. 지금보다는 그 수도 더 늘어나야 하고, 그들간의 연대감도 더 높아져야 한다. 결국 이는 유권자들의 몫이다.

보수진영 내 상위 1%의 이해관계만을 일방적으로 대변하는 보수강경파들이 득세하지 못하도록 하는 것도 경제적 중도유권자들의 몫이다. 진보진영도 마찬가지이다. 구체적으로는 상위 1%와

10%에 속하지 않는 비정규직, 중소 하청업체 정규직, 영세 자영업자, 특히 청년과 미래세대가 자신들의 경제적 이해관계를 깨닫고 자신들의 이해관계를 대변하는 중도적 정치인들의 세력을 강화시켜줘야 한다. 물론 쉽지 않은 일이다. 그러나 이 길 말고는 좌우 기득권 체제를 혁파하고 대한민국 경제의 힘찬 내일을 열어 나가는 데에 제3의 대안은 없다.

너무 늦기 전에 …

한국 사회에서 민주노총과 같은 노동계를 비판하는 것은 쉽지 않다. 필자와 같은 소위 왕년의 86세대 입장에서는 더욱 그러하다.(1960년에 태어나 80년대에 대학을 다닌 이들을 86세대라 한다.) 이들이 주도한 1987년 직선제 개헌투쟁이 한국의 민주화로 귀결되었고, 그 결과물이 소위 1987년 체제이다.

1987년 6월의 민주화투쟁의 바통을 이어받은 것은 노동자 투쟁, 노동해방운동이다. 1987년 체제는 이런 의미에서 민주화와 노동운동 연합군의 승리의 결과물이다. 그래서 노동운동, 노동계, 또는 노동자들을 비판하는 것은 마치 한국 민주화운동의 성과물을 부정하는 것과 같은 것으로 비쳐지곤 한다.

민주노총, 전교조 등은 한국의 진보진영 전체를 대변하는 세력으로 간주되고 있다. 이런 민주노총을 비판하는 것은 마치 진보를 부정하는 수구꼴통임을 스스로 자인하는 용기를 내어야 하는 담대한 일이 되었다.

한국 사회에서 상위 1%, 재벌과 대기업, 이들만을 대변한다는 혐의를 받고 있는 조·중·동을 비판하는 것은 그다지 어려운 일이 아니다. 이들, 즉 우파기득권 세력을 비판하는 자체로 진보의 대변자로 자리매김하는 것이 한국의 현실이다. 이런 연유인지는 모르겠지만 우파기득권에 대한 비판은 차고 넘친다.

반면 민주노총이 대변하는 한국의 노동계, 상층노동자, 노동운동과 노조, 즉 좌파기득권이 한국경제에 미치는 부정적인 영향에 대한 비판은 체계적으로 이루어지지 않고 있다. 이 글은 재벌 대기업만큼이나 좌파기득권의 폐해도 만만치 않음을 보여주고자 한 작은 시도이다.

진보진영과 노동계 내부에서도 상위 10% 상층노동자만을 대변해 온 그간의 노동운동의 한계를 넘어서야 한다는 합리적인 목소리가 적지 않음을 알고 있다. 그러나 여전히 소수이고, 이런 합리적인 목소리를 내는 사람들을 색안경을 끼고 보는 흐름이 대세이다.

일단 공공부문 종사자를 논외로 한다면 재벌 대기업 정규직 노동자라는 좌파기득권은 그 자체로 재벌 대기업이라는 우파기득권의 존재를 전제로 한다. 우파기득권 없이는 좌파기득권도 존재할 수 없다. 좌파기득권의 특권과 반칙을 없애는 과정은 사실 재벌 대기업의 특권과 반칙을 제어하는 과정이다. 그런 의미에서 좌우기득권은 동전의 양면과 같은 존재이고, 좌우기득권 타파 또한 동일한 과정의 다른 결과물일 가능성이 높다.

그러나 이것이 다는 아니다. 공무원과 공기업 정규직과 같은 공공부문에 속한 좌파기득권은 사실상 재벌 대기업이라는 우파기득권과 직접적인 관계는 없다. 이는 시장이 작동하는 민간영역과는 별개의 공적인 영역에서 작동하고 있다. 따라서 좌파기득권의 폐해 중 어떤 것은 우파기득권에 대한 개혁, 즉 철저한 재벌개혁과 경제민주화 과정에서 자연스럽게 극복되어질 수도 있다. 그러나 공공부문에 대해서는 이와 별개의 혁신노력이 요구된다.

이 짧은 책으로 기득권 체제의 구체적인 극복방안까지 논의하려는 의도는 애초에 없었다. 이 책을 읽고 나서도 '한국경제에 좌파기득권이 존재하기는 하는 거야? 존재하기는 한다 하더라도 이게 그렇게 큰 문제야?' 하는 의문을 여전히 가지고 있는 사람들도 적지 않을 것이다.

그나마 '좌파기득권이라는 것이 우파기득권만큼이나 우리 경제에 좋지 않은 영향을 미치고 있구나. 이 문제에 대해서도 이제 차분히 논의해 봐야겠구나' 하는 정도의 느낌만이라도 남길 수 있기를 바랄 뿐이다.

날은 벌써 어두어지는데 갈 길은 여전히 멀고, 어느 길로 가야될지도 아직 분명치 않다. 너무 늦기 전에 길을 찾게 되기를 바랄 뿐이다.

좌파기득권과 진보의 몰락

초판 발행 2015년 12월 30일
——

펴낸이 ㅣ 이은영
지은이 ㅣ 김장수

편　　집 ㅣ 한승혜
디자인 ㅣ 비타-民
——

펴낸곳 ㅣ 오후의책
등　록 ㅣ 제300-2014-14호
주　소 ㅣ 세종특별자치시 마음로 181
전　화 ㅣ 070-7531-1226
팩　스 ㅣ 044-862-7131
e-mail ㅣ ohoonbook@naver.com

ISBN　979-11-87091-00-4　03330
값　13,000원